CP

Litournelle

Méthode de lecture

Manuel 1

Marie-Pierre Attard-Legrand
Professeur des Écoles Maître Formateur

Florence Chateau-Larue
Professeur des Écoles Maître Formateur

Pierre Chaulet
Professeur des Écoles Maître Formateur

Valérie Drévillon
Professeur agrégé ESPE de Paris

Jean-Paul Larue
Inspecteur de l'Éducation Nationale

Expérimentation en classe

Un grand merci à Maud Delsart, Astélie Huillet, Maryline Mussillon, Sophie Nathan et Fabienne Rézé, ainsi qu'aux élèves de CP des écoles Brossolette et Fourier à Besançon, Notre-Dame à Brûlon et Parc des Princes à Paris, d'avoir participé à l'expérimentation de cette méthode.

Bordas

Albums de jeunesse reproduits

Manuel 1

- ***La rentrée des mamans*** © Bayard Presse, « Les Belles Histoires », numéro 156, *La rentrée des mamans*, Jo Hoestlandt, Claude et Denise Millet, 1985
- ***Le garçon qui criait : « Au loup ! »***, Tony Ross, *Le garçon qui criait : « Au loup ! »*. Traduction de Claude Lauriot-Prévost © Éditions Gallimard © Éditions Gallimard Jeunesse pour la traduction française
- ***C'est l'histoire d'un éléphant...*** © 2012, Éditions Sarbacane, Agnès de Lestrade/Guillaume Plantevin
- ***Hansel et Gretel***, Mathilde Lebeau © 2012, Éditions Auzou © Mathilde Lebeau

Manuel 2

- ***La petite poule qui voulait voir la mer***, de Christian Heinrich et Christian Jolibois © 2000, Éditions Pocket Jeunesse, département d'Univers Poche, pour le texte français et les illustrations - Présente édition : *La petite poule qui voulait voir la mer* de Christian Heinrich et Christian Jolibois © Bordas/SEJER 2014
- ***Le pinceau magique***, de Françoise Jay et Zhong Jie © Éditions Magnard, 2007
- ***Le Garde-Nuage***, in Émile et Margot - Monstrueuses bêtises © Bayard éditions, 2012
- ***Mon encyclo de la mer***, Patrick Louisy © 2007, Éditions Milan
- ***Le prince peureux***, de Jean-Pierre Courivaud et illustré par Grégoire Mabire, coll. « Premières lectures » © Oskarson, 2011

Édition : Laetitia Pelisse, Caroline Lesellier

Direction artistique : Pierre Taillemite

Conception couverture : Oxygène multimédia / **Illustration :** Amandine Piu

Conception graphique : Véronique Lefebvre

Illustrations : Audrey Brien : pp. 80, 88, 98, 106, 114, 122
Cécile Gambini : pp. 43, 70, 124
Romain Guyard : pp. 26, 34, 42, 50, 60, 68
Laetitia Le Saux : pp. 18, 52, 90
Lilidoll : pp. 24, 32, 40, 48, 78, 86
Patrick Morize : pp. 12-13, 14-15, 16-17, 58, 66, 96, 104, 112, 120
Cabochons page code : Romain Guyard, Lilidoll, Patrick Morize

Révision : Véronique Dussidour

Iconographie : Fabrice Lucas

Fabrication : Françoise Leroy

Photogravure : Irilys

ISBN 978-2-04-733042-5

Avant-propos

Avec *Litournelle*, nous souhaitons accompagner élèves et enseignants dans **la construction de toutes les compétences de lecture**. C'est pourquoi, à côté du travail spécifique de structuration exigé par la nécessaire maîtrise du code (lettres et sons), nous proposons la lecture de vrais textes qui, seuls, permettent d'entraîner les élèves à comprendre. L'exercice de découverte d'un texte inconnu est donc privilégié ; il est aussi facilité grâce à la lecture magistrale du contexte qui élabore les entours de l'histoire. À la fois objectif final et condition *sine qua non* de la formation des lecteurs, le plaisir de lire est ainsi au rendez-vous.

De vrais textes pour de vrais lecteurs

Former de vrais lecteurs implique en effet de les **confronter à de vrais textes**. C'est le choix qui a été fait, ce qui permet aux enfants de retrouver en dehors du manuel les auteurs qui leur auront permis d'accéder à une lecture autonome. C'est ainsi que se construit leur **première culture** de lecteurs.

Un respect des équilibres

Nombreuses sont les dimensions de l'apprentissage à prendre en compte. Nous avons constamment veillé à **équilibrer les activités portant sur le code** par rapport à celles qui concernent **le sens**, **la lecture** par rapport à **l'écriture**, **l'oral** par rapport à **l'écrit**, **l'utilisation du langage** par rapport à **l'étude des outils de la langue**.

Une structure évolutive pour un enseignement progressif

Litournelle entraîne ses jeunes lecteurs sur le chemin de la lecture en suivant un itinéraire balisé par des **rubriques récurrentes** qui ne sont pas pour autant figées. Elles **évoluent** en effet **au fil de la méthode et des progrès des élèves afin de favoriser leur autonomie progressive**. Grâce au livre du maître, les enseignants sont accompagnés pas à pas dans leur exploitation du manuel, ce qui en rend la prise en main très facile. Mais ils conservent en même temps leur liberté d'organisation grâce à la souplesse de la structure.

Des supports multiples pour construire des compétences diverses

Ce qui est à lire détermine en partie les stratégies mises en œuvre dans l'acte de lire. C'est pourquoi *Litournelle* propose des **textes documentaires** à côté d'une majorité de textes littéraires. Livre illustré, album, bande dessinée, conte, documentaire constituent quelques-uns des supports de lecture fournis dans le manuel. Le livre du maître propose des démarches, des activités, des mises en œuvre qui nourriront les pratiques de classe et permettront de les diversifier.

Les apprentis lecteurs vont découvrir ici de nombreuses histoires et apprendre à lire toutes sortes de documents. Nous espérons que cette année de CP restera pour eux un bon souvenir. En refermant le manuel, ils seront fin prêts pour le CE1. Nous leur souhaitons bonne route sur le chemin de la lecture.

Les auteurs

Progression sur l'année : une structure

Des histoires reproduites intégralement

1er trimestre — Manuel 1 ■ Cahier 1

Écouter et élucider un texte
Entrer dans l'étude du code

4 histoires

Lecture magistrale

- Donner le contexte
- Des questions pour **construire le sens** et **anticiper**

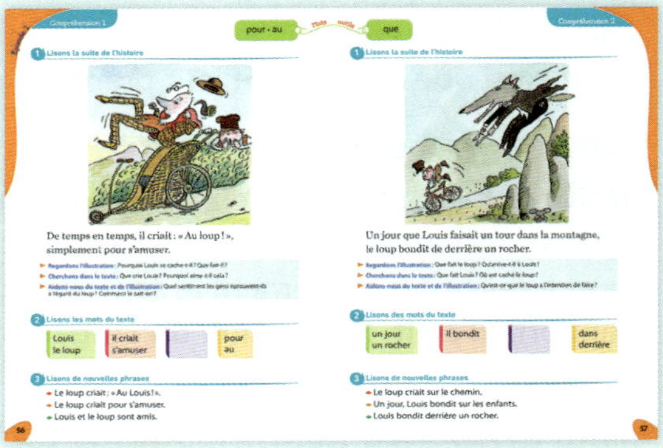

Compréhension : la suite de l'histoire

- **Lecture découverte du texte** par les élèves **en deux temps**, avec l'aide de l'enseignant
- Présentation **des mots importants du texte**
- Des **mots outils** à mémoriser
- **Réinvestissement** des mots dans de **nouvelles phrases**

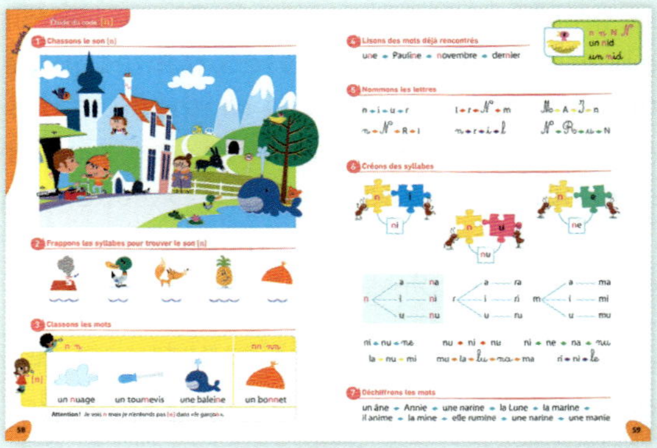

Étude du code : un son par épisode

- **Identification** du son
- **Localisation**
- Correspondance **phonie/graphie**
- **Discrimination visuelle**
- Travail de la **combinatoire**
- **Déchiffrage** de mots nouveaux

Langue

- **Observation** d'un fait de langue
- Extension du **champ lexical**
- Préparation collective **différenciée à la production de phrases**

- Un large choix de **textes fonctionnels et poétiques**

évolutive au fil des trimestres

et découpées en épisodes (1 épisode = 1 semaine)

2e trimestre

Manuel 2 ■ Cahier 2

Découvrir des textes plus longs
Accélérer l'étude du code

2 histoires

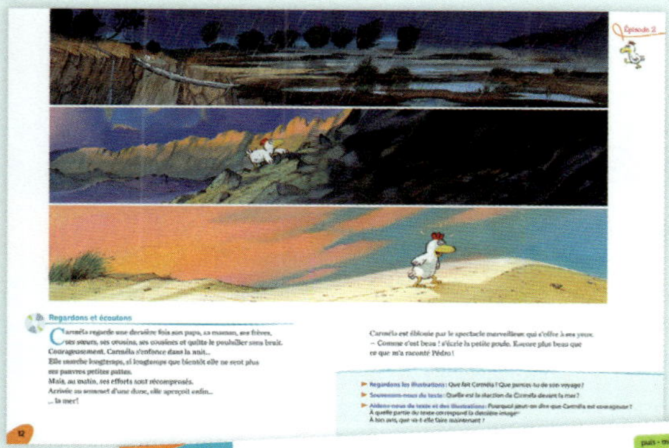

Lecture magistrale

- Lecture offerte plus courte

Compréhension

- **Découverte du texte en un passage unique,** plus long
- **Réinvestissement** des mots dans un **nouveau texte**

Langue

- Préparation collective à **l'écriture d'un texte**

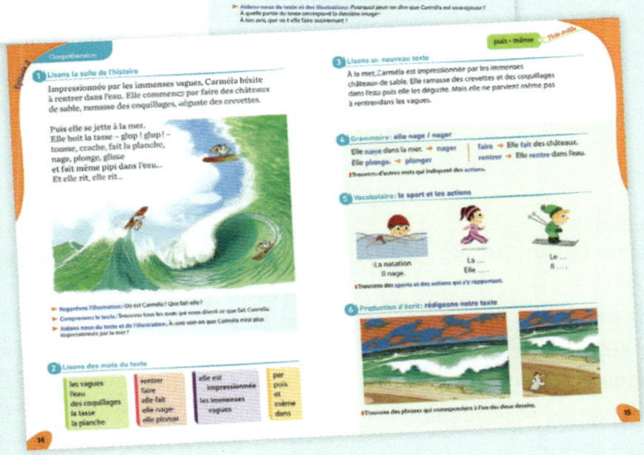

Étude du code : 2 sons par épisode

3e trimestre

Manuel 2 ■ Cahier 2

Lire en autonomie
Varier les stratégies de découverte du code

3 textes

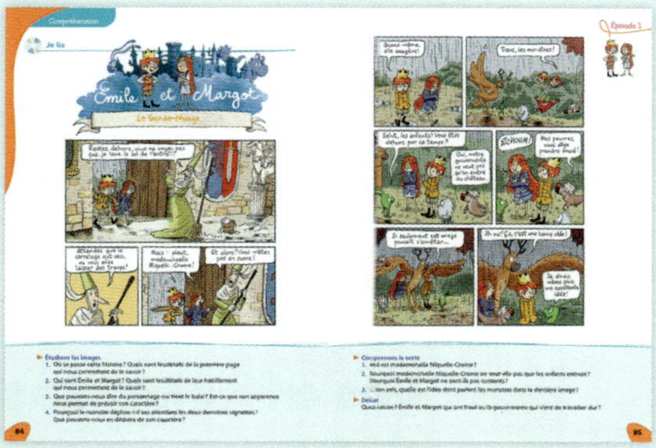

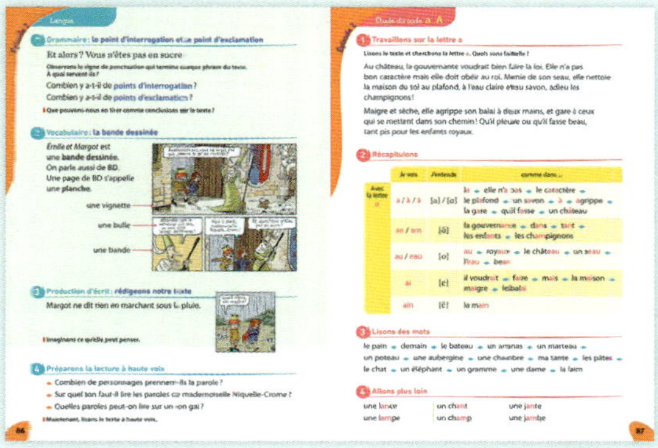

Compréhension

- **Une BD, un texte documentaire et un premier roman** à lire « tout seul »
- **Lecture à voix haute** pour approfondir la compréhension **et l'interprétation**

Étude du code : entrée par la lettre

- Pour réviser et approfondir

Une méthode clés en main

Des outils qui facilitent l'apprentissage

Les 2 cahiers d'activités

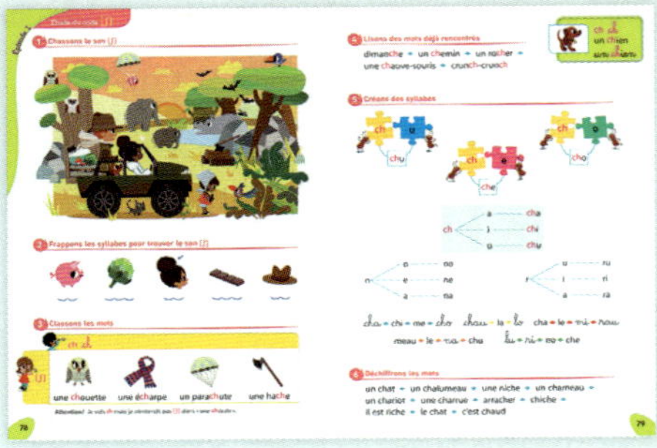

- À chaque rubrique du manuel correspond un exercice du cahier

Le livre du maître + CD-Rom

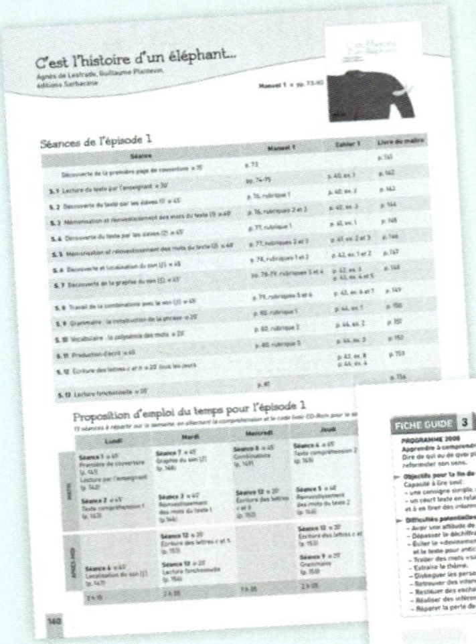

Pour chaque épisode

- Un **sommaire** séance **par séance** et une **proposition d'emploi du temps** sur la semaine (personnalisable dans le CD-Rom).
- Chaque **séance** est détaillée **pas à pas**.
- **12 fiches guides** proposent **différentes démarches, activités et mises en œuvre**.
- **Disponible en ebook**, pour tablettes et liseuses.

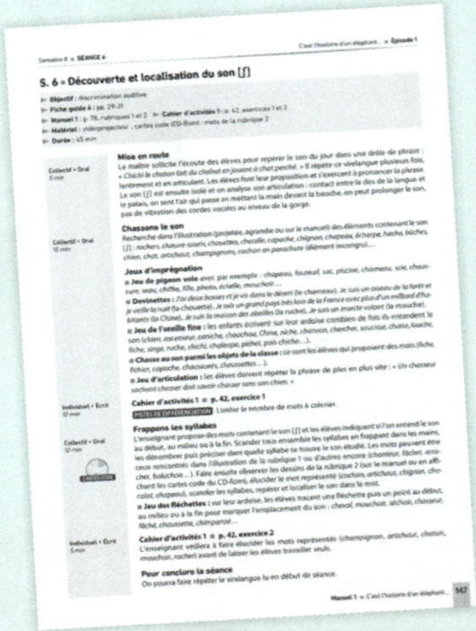

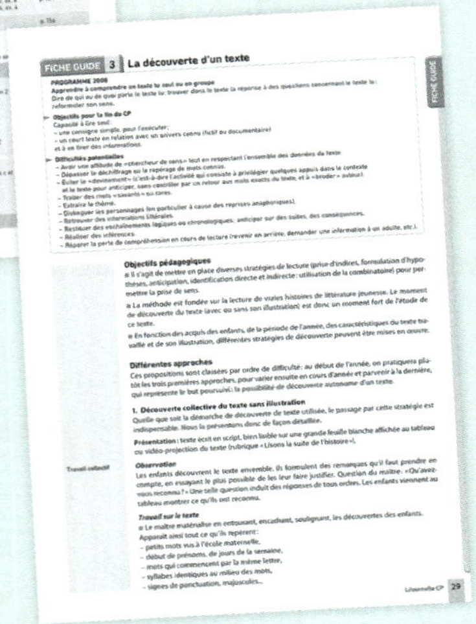

Dans le CD-Rom

Pour chaque épisode

- L'**enregistrement** du texte.
- Le **matériel collectif d'affichage** (étiquettes mots, cartes code, affiches mots référents...) et le **matériel individuel de manipulation** (étiquettes mots, étiquettes combinatoire...).

Le fichier photocopiable d'évaluation et de différenciation

- **L'évaluation de 15 compétences** de compréhension, code et écriture organisées par période.
- Des **activités différenciées à 3 niveaux de difficulté** en lien avec les compétences évaluées.
- Des **grilles** d'évaluation.
- Un CD-Rom permettant de **personnaliser** les exercices.

Les affichettes des mots référents

- Pour récapituler tous les sons et leur transcription graphique.

De vrais textes pour de vrais lecteurs

Manuel 1

La rentrée des mamans,
J. Hoestlandt et C. et D. Millet, Bayard Presse
Maman n'a pas envie de se lever pour aller à l'école et c'est Pauline qui doit la tirer du lit ce matin-là. Ce petit livre illustré traite avec beaucoup d'humour et d'originalité le thème de la rentrée et plonge les enfants dans un *univers inversé très rassurant*.

Le garçon qui criait: « Au loup ! »,
T. Ross, éd. Gallimard
Il peut être dangereux de crier au loup sans raison. Louis va l'apprendre à ses dépens. Tony Ross, avec des phrases très simples, présente une *interprétation* quelque peu *impertinente de la fable d'Ésope*.

C'est l'histoire d'un éléphant...,
A. de Lestrade et G. Plantevin, éd. Sarbacane
Il s'est réveillé de très mauvaise humeur cet éléphant, et les autres animaux de la savane vont en faire les frais. La *structure répétitive* facilite la lecture de cette histoire pleine d'humour.

Hansel et Gretel, adaptation d'un conte de Grimm illustré par M. Lebeau, éd. Auzou
Hansel et Gretel sont abandonnés dans la forêt par leurs parents. Mais ce *conte traditionnel* se termine bien et démontre que l'on peut surmonter les épreuves. Un traitement graphique original contribue à la richesse de cet album.

Manuel 2

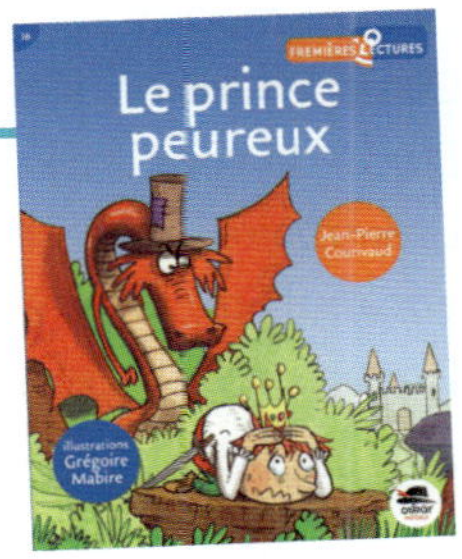

La petite poule qui voulait voir la mer,
C. Heinrich et C. Jolibois, éd. Pocket Jeunesse
Il en faut du courage à Carméla pour quitter son poulailler et réaliser son rêve. Elle reviendra pourtant, transformée, après des rencontres inattendues, comme celle de Christophe Colomb. L'humour du dessin renforce le plaisir de ce *récit initiatique*.

Le pinceau magique,
F. Jay et Z. Jie, éd. Magnard
Chen voudrait devenir peintre mais il est si pauvre qu'il ne peut même pas s'acheter un pinceau. Une intervention magique va conférer à ses dessins un pouvoir extraordinaire. Le texte tout comme les superbes illustrations ouvrent les portes d'un *monde merveilleux*, dans tous les sens du terme.

Émile et Margot : Le Garde-Nuage,
A. Didier, O. Muller et O. Deloye, éd. Bayard
Émile et Margot portent une couronne et vivent dans un château mais leurs préoccupations sont bien les mêmes que celles de leurs jeunes lecteurs. Cette *bande dessinée* constitue un support de lecture original où se mêlent humour et imaginaire.

Mon encyclo de la mer,
P. Louisy, éd. Milan
Comment se forment les nuages ? Que mangent les Inuits ? Tous les textes ne racontent pas d'histoires mais certains permettent de répondre à nos questions. Cette *encyclopédie documentaire* initie les élèves à une autre forme de lecture grâce à la magie des photographies.

Le prince peureux,
J.-P. Courivaud et G. Mabire, éd. Oskar
Léo a peur de tout, ce qui l'empêche même de jouer avec ses amis. Mais il réussira à surmonter ses frayeurs. Ce *premier roman*, à la structure narrative simple, met en avant les valeurs de l'amitié et de la confiance en soi.

Sommaire • Manuel 1

PÉRIODE 2

C'est l'histoire d'un éléphant...

PÉRIODE 2

Hansel et Gretel

Sommaire • Manuel 2

PÉRIODE 3

La petite poule qui voulait voir la mer 5

PÉRIODE 4

Le pinceau magique 41

2e et 3e trimestres

Dans la cour de l'école

- Retrouvons les différents lieux de l'école.
- Qui sont les différentes personnes ? Que font-elles ?
- Combien voit-on de tables dans la classe ?

1 Chassons le son [a]

- Cherchons dans la scène les mots qui contiennent le son [a].

2 Frappons les syllabes pour trouver le son [a]

3 Classons les mots

a ɑ

[a]

une assiette

un ballon

du chocolat

Attention ! Je vois **a** mais je n'entends pas [a] dans « un enfant ».

À la bibliothèque

- Nommons les différents éléments de la bibliothèque.
- Combien y a-t-il d'élèves ?

1 Chassons le son [i]

- Cherchons dans la scène les mots qui contiennent le son [i].

2 Frappons les syllabes pour trouver le son [i]

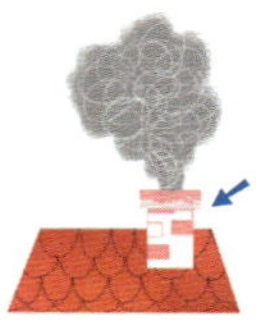

i i I J
une fourmi
une fourmi

3 Classons les mots

i i			y y
un igloo	un ordinateur	une souris	un stylo

[i]

Attention ! Je vois i mais je n'entends pas [i] dans « un maître ».

Au tableau

aujourd'hui

- Quel jour sommes-nous ? Retrouvons-le sur le tableau.
- Quels sont les mots que tu reconnais ?
- De quoi peut parler le texte au tableau ?

Aujourd'hui,
c'est la rentrée.
Nous entrons
à la grande école.

1 Chassons le son [y]

- Cherchons dans la scène les mots qui contiennent le son [y].

2 Frappons les syllabes pour trouver le son [y]

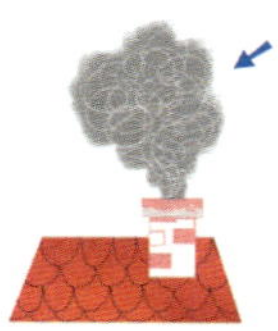    

u u U U
la tortue
la tortue

3 Classons les mots

u u

[y]

une usine

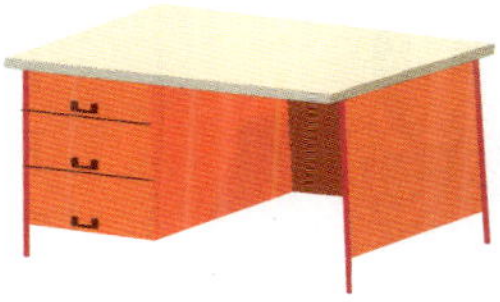

un bureau

une grue

Attention ! Je vois u mais je n'entends pas [u] dans « lundi ».

C'est la rentrée

Cartable nouveau,
Joli manteau.
Livres, cahiers
Et beau plumier…
Cloche a sonné,
Un gros baiser,
Il faut y aller :
C'est la rentrée !

Christian Merveille,
D.R.

Je voulais dans mon cartable

Je voulais dans mon cartable
Emporter mes châteaux de sable,
Mon cerf-volant, des coquillages
Et le portique de la plage.
Maman m'a dit :
« C'est pas permis
Et puis tout ça,
Ça n'rentre pas ! »
Alors j'ai pris un beau stylo,
Pour le goûter quelques gâteaux
Et que des choses raisonnables.
Plus trois petits grains de sable !

© Pierre Ruaud,
Un Papa-rapluie
et autres comptines, 2012.

Auteur : Jo Hoestlandt
Illustrateurs : Claude et Denise Millet

Regardons et écoutons

Ce matin, c'est la rentrée.
Pauline s'est réveillée la première.
Elle se lève et elle va secouer sa maman qui dort encore.
Elle lui dit :
— Réveille-toi, Maman ! Allons, c'est l'heure, on va être en retard à l'école !
Mais sa maman s'enfonce le visage dans son oreiller et elle répond :
— Non, non et non. Je ne veux pas. Pas déjà ! Il est trop tôt.
Et puis, j'ai encore envie de me promener avec toi, d'aller nager et de jouer avec ton papa. Non, non et non. Je ne veux pas aller à l'école !
Pauline dit doucement :
— Voyons, Maman, sois raisonnable. Allez, lève-toi !
Tu es grande, tout de même. Tu sais très bien que l'été ne peut pas durer toujours. Et après l'été, qu'est-ce que c'est ? C'est... l'automne !
Et à l'automne, qu'est-ce qu'il y a ? La... rentrée ! Voilà. C'est tout.
C'est comme ça !

Alors, la maman se lève en ronchonnant. Elle laisse au placard son short rouge, son maillot de bain vert, ses sandales blanches et son sac de plage en plastique. Elle enfile sa jupe grise. Elle s'énerve un peu parce qu'elle n'arrive pas à l'agrafer :
— S'il te plaît, aide-moi, Pauline. Cherche mon sac et mes clés !
Elle enfile son imper et ses bottes et elle prend son sac que Pauline a retrouvé.

- **Regardons les illustrations :** Pourquoi la maman n'a-t-elle pas envie de se réveiller et de se lever ?
- **Souvenons-nous du texte :** Qui s'est réveillé en premier ?
- **Aidons-nous du texte et des illustrations :** Que préférerait faire la maman ?
  À ton avis, cette situation est-elle normale ? Pourquoi ?

elle • mais

Mots

1 Lisons nous aussi

Maman est prête
mais elle boude.

- **Regardons l'illustration :** Que fait Pauline ?
- **Comprenons le texte :** Quelle est l'attitude de la maman ?
- **Aidons-nous du texte et de l'illustration :** La maman de Pauline a-t-elle envie de sortir ?

2 Lisons des mots du texte

Maman	elle est elle boude	elle est **prête**	mais

3 Lisons de nouvelles phrases

- Maman boude.
- Maman est prête.
- Maman boude mais elle est prête.

outils le • et

1 Lisons nous aussi

Pauline et Maman
sont sur le chemin de l'école.

- **Regardons l'illustration :** Pourquoi Pauline tire-t-elle sa maman par la main ?
- **Comprenons le texte :** Où vont Pauline et sa maman ?
- **Aidons-nous du texte et de l'illustration :** Qu'est-ce que la maman n'a pas envie de faire ?

2 Lisons des mots du texte

Pauline le chemin l'école	elles sont		et sur de

3 Lisons de nouvelles phrases

- Elle boude sur le chemin.
- Pauline et Maman sont sur le chemin.
- Maman est à l'école.

1 Chassons le son [l]

2 Frappons les syllabes pour trouver le son [l]

3 Classons les mots

	l *l*			ll *ll*
[l]	 un lit	 une valise	 un cheval	 un collier

Attention ! Je vois l ou ll mais je n'entends pas [l] dans « un fils », « une famille ».

l ℓ L ℒ
le livre
le livre

4 Lisons des mots déjà rencontrés

Pauline ◆ la ◆ l'école ◆ lundi ◆ elle

5 Nommons les lettres

a ◆ i ◆ l   u ◆ l ◆ A ◆ L   I ◆ U ◆ a

A ◆ u ◆ l ◆ A   I ◆ a ◆ U   l ◆ L ◆ i ◆ l

6 Créons des syllabes

l → a — la
l → i — li
l → u — lu

la ◆ li ◆ lu   li ◆ la ◆ lu ◆ la   la ◆ li ◆ lu ◆ lu

li ◆ la ◆ lu   lu ◆ la ◆ la

7 Déchiffrons les mots

Ali ◆ Lili ◆ la ◆ il a lu ◆ le lit ◆ le lilas

1 Grammaire : elle

Maman est prête.	**Pauline** est sur le chemin.
Elle est prête.	**Elle** est sur le chemin.

■ **Trouvons d'autres noms qui peuvent être remplacés par elle.**

2 Vocabulaire : les attitudes

Elle boude.

Elle … .

Elle … .

■ **Trouvons d'autres verbes pour exprimer des attitudes.**

3 Production d'écrit : cherchons de nouvelles phrases

■ **Trouvons des phrases qui correspondent à l'un des deux dessins.**

Les courses pour l'école

1

2

3

- Comment s'appelle ce type de documents ?
- **Photo 1 :** Où est prise la photo ? À ton avis, à quel moment a-t-elle été prise ? Comment le sais-tu ?
- **Photo 2 :** Dans quel rayon du magasin est prise cette photo ? Que peut-on y acheter ?
- **Photo 3 :** Où sont les enfants ? Nomme les objets que tu vois sur la table. À quoi servent-ils ?

Regardons et écoutons

Elle dit d'un air boudeur :
— Je suis prête.
Et les voilà parties.
En chemin, Pauline essaie de distraire sa maman :
— Regarde comme l'automne est joli ! Les feuilles sont déjà dorées.
Et l'air est si doux encore.
Tu sais, Maman, la journée va passer vite. Tu vas courir au bureau lire ton courrier, taper deux ou trois petits trucs à l'ordinateur, téléphoner à mamie et à tes amies pour leur raconter la rentrée et il sera déjà midi !
Mais Maman boude et elle ralentit le pas.

Pauline se dit :
« Elle le fait exprès pour m'énerver ! »
— Allons, marche un peu plus vite, Maman.
Tu vas nous mettre en retard !

- **Regardons l'illustration :** Que font les enfants et les mamans ?
- **Souvenons-nous du texte :** Que fait Pauline pour essayer de distraire sa maman ?
- **Aidons-nous du texte et de l'illustration :** En quelle saison se déroule la rentrée de Pauline ? À ton avis, pourquoi l'autre maman boude-t-elle aussi ?

les • de

Mot

1 Lisons nous aussi

Les mamans boudent
devant l'entrée de l'école.

- **Regardons l'illustration :** Quelle est l'attitude des enfants ? Et celle de leurs mamans ?
- **Comprenons le texte :** Où sont les mamans ?
- **Aidons-nous du texte et de l'illustration :** Que font les mamans ? Pourquoi ?

2 Lisons des mots du texte

les mamans l'entrée l'école	elles boudent		devant de

3 Lisons de nouvelles phrases

- Les mamans boudent devant l'entrée.
- Pauline boude sur le chemin de l'école.
- Maman est prête, elle est sur le chemin de l'école.

utils

elles

1 Lisons nous aussi

Les enfants rassurent leurs mamans :
elles sont très inquiètes.

- **Regardons l'illustration :** Que font les mamans ?
- **Comprenons le texte :** Que font les enfants ?
- **Aidons-nous du texte et des illustrations :** Pourquoi les enfants rassurent-ils les mamans ?

2 Lisons des mots du texte

leurs mamans
les enfants

ils rassurent
elles sont

elles sont
inquiètes

très

3 Lisons de nouvelles phrases

- Pauline et les enfants rassurent les mamans.
- Elles rassurent leurs enfants.
- Sur le chemin de l'école, Pauline rassure Maman.

1 Chassons le son [m]

2 Frappons les syllabes pour trouver le son [m]

 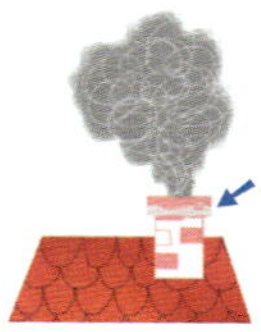  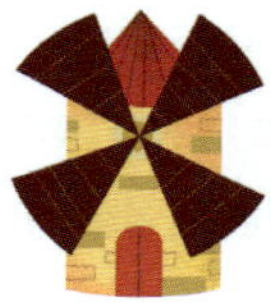 

3 Classons les mots

	m *m*			mm *mm*
[m]	 une moto	 une tomate	 une plume	 une pomme

Attention ! Je vois m mais je n'entends pas [m] dans « une jambe ».

m m M M
une maison
une maison

4 Lisons des mots déjà rencontrés

mardi ◆ maman ◆ le chemin ◆ mais
samedi ◆ dimanche ◆ une maîtresse

5 Nommons les lettres

a ◆ m ◆ A   M ◆ l ◆ m ◆ L   M ◆ U ◆ a

m ◆ A ◆ L ◆ i   m ◆ A ◆ u   i ◆ l ◆ m ◆ I

6 Créons des syllabes

m	a	ma
	i	mi
	u	mu

l	a	la
	i	li
	u	lu

ma ◆ li ◆ mi   mu ◆ lu ◆ ma ◆ la   mu ◆ li ◆ mi ◆ ma

mi ◆ lu ◆ mu   la ◆ mu ◆ mi ◆ li

7 Déchiffrons les mots

un lama ◆ le Mali ◆ un ami ◆ Lili ◆ Mamie ◆ Mimi

1 Grammaire : elle, elles

- **Les mamans** sont inquiètes.
  Elles sont inquiètes.
- **Pauline** est prête.
  Elle est prête.
- **Pauline et Maman** sont prêtes.
  Elles sont prêtes.
- **Les mamans** rassurent leurs enfants.
  Elles rassurent leurs enfants.

Trouvons d'autres noms qui peuvent être remplacés par elle ou elles.

2 Vocabulaire : la famille

une maman

un …

une …

Trouvons d'autres membres de la famille.

3 Production d'écrit : cherchons de nouvelles phrases

Trouvons des phrases qui correspondent à l'un des deux dessins.

Les quatre saisons

- Quelle photo a été prise en automne ? Comment le savons-nous ?
- Quelles sont les autres saisons ? À quelles photographies correspondent-elles ?

Regardons et écoutons

À la grille de l'école, il y a plein d'autres mamans qui boudent devant l'entrée.
Leurs petites filles et leurs petits garçons font semblant de ne pas s'en apercevoir.

Ils retrouvent tous leurs copains :
— Oh, Pauline ! Tu es allée à la mer ? Ce que tu es bronzée !
— Moi, j'étais à la campagne. Il y avait des cochons, des mouches et des myrtilles dans les bois, je te raconterai...
Dans quelle classe tu es cette année ?
Oh ! Regardez, Mimi s'est fait couper les cheveux !
Ça lui va drôlement bien !

Les mamans parlent aussi entre elles, mais sans beaucoup d'entrain.
— Mon fils a pris cinq centimètres, dit l'une.
— Le mien, deux kilos, dit l'autre.
— Ma fille a attrapé des papillons, dit l'une.
— La mienne, la rougeole, dit l'autre.

Enfin, la cloche sonne.
Les enfants se précipitent
dans les bras de leurs mamans.

Pauline dit :
– À tout à l'heure, Maman.
Bon courage ! File prendre ton autobus maintenant, il est grand temps.

Antoine dit :
– Travaille bien, Maman, à ce soir !
N'aie pas peur, il ne m'arrivera rien
pendant ton absence.

Nina dit :
– Prends tes vitamines, Maman,
si tu te sens un peu mollassonne.
Et ne perds pas tes clés comme l'an dernier…

Bref, les enfants font leurs dernières
recommandations.

► **Regardons les illustrations :** Comment vont les enfants et les mamans ?

► **Souvenons-nous du texte :** Quels changements les enfants ont-ils connus pendant les vacances ?

► **Aidons-nous du texte et des illustrations :** Quelle est la maman dont la fille a eu la rougeole ?
À ton avis, que pourrait-il arriver aux mamans quand les enfants vont les quitter ?

ne • pas

1 Lisons nous aussi

Les mamans ne veulent pas
quitter les bras de leurs enfants.

- **Regardons l'illustration :** Que font les deux mamans ?
- **Comprenons le texte :** Qu'est-ce que les mamans ne veulent pas faire ?
- **Aidons-nous du texte et de l'illustration :** Comment sait-on qu'elles sont tristes ?

2 Lisons des mots du texte

les mamans les bras leurs enfants	elles veulent quitter		ne … pas

3 Lisons de nouvelles phrases

- Les mamans veulent quitter les enfants.
- Elles ne veulent pas quitter l'école.
- Elles rassurent leurs enfants.

utils
un • la

1 Lisons nous aussi

Elles font un dernier signe de la main
et repartent.

- **Regardons l'illustration :** Que se passe-t-il ?
- **Comprenons le texte :** Que font les mamans avant de partir ?
- **Aidons-nous du texte et de l'illustration :** Où vont-elles ?

2 Lisons des mots du texte

un signe la main	elles font elles repartent	un **dernier** signe	et

3 Lisons de nouvelles phrases

- Les mamans repartent sur le chemin.
- Elles boudent et font un signe.
- Elles font un signe de la main et elles repartent.

1 Grammaire : le, la, les

- le chemin → les chemins
- la main → les mains
- le signe → les signes
- la maman → les mamans

Trouvons d'autres noms qui peuvent être accompagnés par le, la, les.

2 Vocabulaire : l'école

l'entrée de l'école

la …

la …

Trouvons d'autres lieux de l'école.

3 Production d'écrit : cherchons de nouvelles phrases

Trouvons des phrases qui correspondent à l'un des deux dessins.

Trois escargots

J'ai rencontré trois escargots
Qui s'en allaient cartable au dos

Et, dans le pré, trois limaçons
Qui disaient par cœur leur leçon.

Puis, dans un champ, quatre lézards
Qui écrivaient un long devoir.

Où peut se trouver leur école ?
Au milieu des avoines folles ?

Peut-être est-ce une aristoloche
Qui leur sert de petite cloche

Et leur maître est-il ce corbeau
Que je vois dessiner là-haut

De belles lettres au tableau ?

Maurice Carême, extrait de *Pigeon vole*

Les crayons

Mais à quoi jouent les crayons
pendant les récréations ?

Le rouge dessine une souris,
le vert un soleil,

Le bleu dessine un radis,
le gris une groseille.

Le noir, qui n'a pas d'idée,
fait des gros pâtés.

Voilà les jeux des crayons
pendant les récréations.

Corinne Albaut,
101 poésies et comptines

- Que racontent ces poèmes ?
- Qui sont les personnages principaux ?
- À ton avis, est-ce bien de pouvoir aller à l'école ?

Regardons et écoutons

Quelques mamans ont la larme à l'œil.
Elles reniflent parce qu'elles ont oublié leur mouchoir à la maison.
Certaines ne veulent pas quitter les bras de leurs enfants,
d'autres restent accrochées des deux mains à la grille de l'école.
Les mamans réclament :
— Encore un bisou !
Et comme c'est le jour de la rentrée et que leurs enfants
sont très patients, ils leur donnent encore un bisou sur la joue.
Enfin, Pauline prend un air sévère :
— Allez, Maman, ça suffit maintenant. Moi, j'ai du travail.
À tout à l'heure.
Et les mamans, agrippées à leur sac à main ou à leur caddie,
font un dernier signe d'adieu et elles repartent, bien courageusement,
vers leurs bureaux, le marché ou la maison.

Quand les mamans sont parties, les petites filles et les petits garçons sont bien soulagés.

Finalement Pauline dit :
— Ouf ! Ma maman à moi n'a pas fait trop d'histoires, mais elle a été dure à faire lever ce matin !

Nina soupire :
— Ma maman à moi a d'abord oublié son sac, puis ses clés, et pour finir elle est partie sans son porte-monnaie. C'est fou ce qu'elle est tête en l'air !

Antoine dit :
— Vous savez, il faut bien leur laisser le temps de s'habituer, c'est dur pour les mamans, la rentrée !
Dans la cour de récréation, le soleil joue dans les feuilles du marronnier.
Et les enfants peuvent enfin s'amuser !

- **Regardons les illustrations :** Que font les mamans ? Et les enfants ?
- **Souvenons-nous du texte :** Qu'est-ce que les mamans réclament avant de partir ?
- **Aidons-nous du texte et des illustrations :** Où les mamans vont-elles aller ? À ton avis, comment se sont comportés les mamans et les enfants depuis le début de l'histoire ?

quand

Mots

1 Lisons nous aussi

Les enfants sont bien soulagés
quand les mamans sont parties.

- **Regardons l'illustration :** Quelle est l'attitude des enfants ?
- **Comprenons le texte :** Pourquoi sont-ils contents ?
- **Aidons-nous du texte et de l'illustration :** Pourquoi le garçon souffle-t-il ?

2 Lisons des mots du texte

les enfants les mamans	ils sont soulagés elles sont parties		bien quand

3 Lisons de nouvelles phrases

- Les enfants sont bien à l'école.
- Quand les mamans sont-elles parties ?
- Les enfants sont partis et les mamans sont très soulagées.

outils
enfin • ils

1 Lisons nous aussi

Ils peuvent enfin s'amuser
dans la cour de l'école.

- **Regardons l'illustration :** Que font les enfants ?
- **Comprenons le texte :** Quel est le mot du texte qui nous montre que les enfants ont dû attendre avant de s'amuser ?
- **Aidons-nous du texte et de l'illustration :** Qu'est-ce que les enfants attendaient ?

2 Lisons des mots du texte

la cour l'école	ils peuvent s'amuser		enfin dans

3 Lisons de nouvelles phrases

- Maman et Pauline peuvent s'amuser.
- Ils sont dans la cour de l'école.
- Enfin, les enfants sont à l'école !

1 Chassons le son [ə]

2 Frappons les syllabes pour trouver le son [ə]

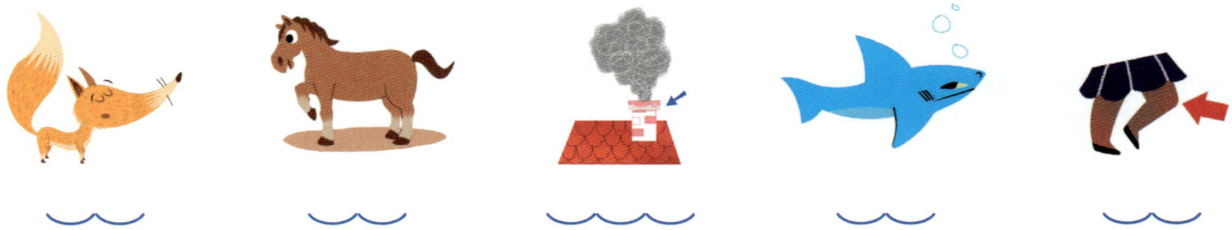

3 Classons les mots

e ℯ

[ə]

un requin

un tournesol

une fenêtre

e e E E
un cheval
un cheval

4 Lisons des mots déjà rencontrés

samedi ◆ elle boude ◆ l'école ◆
elles repartent ◆ le chemin ◆ un signe

5 Nommons les lettres

E ◆ e ◆ a   R ◆ A ◆ E ◆ r   a ◆ n ◆ E ◆ N

e ◆ r ◆ N ◆ E   i ◆ e ◆ A ◆ u   m ◆ E ◆ n

6 Créons des syllabes

l	e	le	l	u	lu	l	i	li
m	e	me	m	u	mu	m	i	mi
r	e	re	r	u	ru	r	i	ri

ma ◆ li ◆ me ◆ ru   mi ◆ mu ◆ ra   re ◆ lu ◆ me

ma ◆ ri ◆ re ◆ la   mu ◆ le ◆ li   ru ◆ mi ◆ ra ◆ le

7 Déchiffrons les mots

une lame ◆ une rame ◆ la mare ◆ une lime
une mûre ◆ une mule ◆ une malle ◆ il a relu ◆ il remue

1 Grammaire : les enfants, ils

- **Les enfants** peuvent s'amuser.
  Ils peuvent s'amuser.
- **Un enfant** fait un signe.
  Il fait un signe.
- **Un enfant et son ami** sont à l'école.
  Ils sont à l'école.
- **Les enfants** rassurent leurs mamans.
  Ils rassurent leurs mamans.

Trouvons d'autres groupes de mots qui peuvent être remplacés par il ou ils.

2 Vocabulaire : les jeux de l'école

Ils jouent aux billes.

Elle … .

Ils … .

Trouvons d'autres jeux de l'école.

3 Production d'écrit : cherchons de nouvelles phrases

Trouvons des phrases qui correspondent à l'un des deux dessins.

Découvrons d'autres livres

Un ogre à l'école
Zoé déteste lire. Elle jette le livre que lui offre la maîtresse, mais un ogre sort soudain du livre…

Quel stress pour la maîtresse !
La rentrée, c'est dur pour une maîtresse aussi !

Philipok
Philipok s'ennuie à la maison. Il est trop jeune, et pourtant, il voudrait tant aller à l'école…

Écoles du monde
40 photographies pour faire le tour du monde des écoles.

- Quel est le point commun entre ces ouvrages et *La rentrée des mamans* ?
- Combien y a-t-il de photographies pour faire le tour du monde ?
- Trouve le nom de l'illustrateur de *Quel stress pour la maîtresse !*
- Connais-tu d'autres livres qui parlent de l'école ?

Les lettres écolières

Il y a A, B, C, D et le petit E
Qui ouvre grand leurs yeux,
F, G, H et I
Restent bien assis,
J, K, L et M
En font de même.
N, O, P, Q et R
Apprennent à se taire,
Mais de leur côté,
S, T, U, V et W
Ont le doigt levé.
Enfin au tableau, X, Y et Z
Récitent sans aucune aide.

Christine Fayolle, D.R.

J'aime ma maison

J'aime ma maison chaude
L'hiver quand le vent rôde.
Le printemps y pénètre
Par toutes les fenêtres.
Sous le soleil qui sèche,
L'été, comme elle est fraîche !
Elle est douce en automne
Dans le parfum des pommes.
Je t'aime bien, maison
Souriant aux saisons.

Louis Guillaume, D.R.

Auteur et **illustrateur :** Tony Ross

Regardons et écoutons

Il était une fois un garçon qui vivait de ce côté-ci des montagnes.
Il s'appelait Louis.
De l'autre côté des montagnes vivait un loup.
Personne ne savait comment il s'appelait.
Le loup était très chic (pour un loup, bien sûr).
Parfois il enfilait son habit et s'en allait dîner par-delà les montagnes...
car il aimait surtout manger les gens.
Alors, tout le monde, de ce côté-ci des montagnes, avait très peur de lui.

Chaque fois que Louis n'avait pas envie de faire quelque chose,
prendre son bain par exemple, il criait :
— Au loup ! (même s'il n'y avait pas de loup).
Et, comme les gens avaient peur du loup, Louis se retrouvait seul
et faisait tout ce qu'il voulait.

Une fois par semaine, Louis prenait sa leçon de violon.
Il n'aimait pas cela du tout.
Alors il criait :
— Au loup ! (même sans loup évidemment).
Tout le monde se sauvait,
et Louis jouait la musique qu'il aimait.

► **Regardons les illustrations :** Que fait le loup ? Que fait le garçon ?

► **Souvenons-nous du texte :** Que fait Louis quand il n'a pas envie de faire quelque chose ?

► **Aidons-nous du texte et des illustrations :** Les gens ont-ils peur du loup ? Comment le sait-on ? À ton avis, Louis pourra-t-il toujours continuer à crier : « Au loup ! » ? Que risque-t-il de se passer ?

1 Chassons le son [n]

2 Frappons les syllabes pour trouver le son [n]

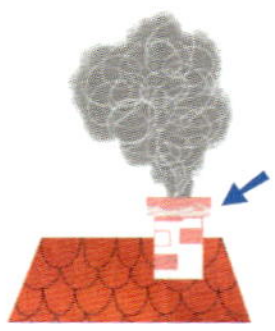    

3 Classons les mots

	n n			nn nn
[n]	 un **n**uage	 un tour**n**evis	 une balei**n**e	 un bo**nn**et

Attention ! Je vois **n** mais je n'entends pas [n] dans « le garço**n** ».

n n N N
un nid
un nid

4 Lisons des mots déjà rencontrés

une ◆ Pauline ◆ novembre ◆ dernier

5 Nommons les lettres

n ◆ i ◆ u ◆ r   l ◆ r ◆ N ◆ m   M ◆ A ◆ J ◆ n

n ◆ N ◆ R ◆ l   n ◆ r ◆ i ◆ l   N ◆ R ◆ u ◆ N

6 Créons des syllabes

n — a — na
n — i — ni
n — u — nu

r — a — ra
r — i — ri
r — u — ru

m — a — ma
m — i — mi
m — u — mu

ni ◆ nu ◆ ne   nu ◆ ni ◆ nu   ni ◆ ne ◆ na ◆ nu

la ◆ nu ◆ mi   mu ◆ la ◆ lu ◆ na ◆ ma   ri ◆ ni ◆ le

7 Déchiffrons les mots

un âne ◆ Annie ◆ une narine ◆ la lune ◆ la marine ◆
il anime ◆ la mine ◆ elle rumine ◆ une narine ◆ une manie

1 Grammaire : la majuscule

- **U**n jour, **L**ouis criait dans la cour de l'école.
- **L**a maman boude derrière un rocher.

Cherchons des mots avec des majuscules et trouvons ceux qui en ont toujours une.

2 Vocabulaire : les actions

Le chat bondit. Le chat … . Le … .

Trouvons d'autres verbes décrivant des actions.

3 Production d'écrit : cherchons de nouvelles phrases

Trouvons des phrases qui correspondent à l'un des deux dessins.

La famille loup

1 Le loup.

2 La louve et ses louveteaux.

3 Un louveteau sort de sa tanière.

4 Les louveteaux jouent ensemble.

- Sur quelle photo voit-on le loup ?
- À ton avis, qui s'occupe des petits ? Comment les appelle-t-on ?
- Comment s'appelle l'habitat du loup ?
- À quel animal le loup ressemble-t-il ?

Regardons et écoutons

— Au loup ! hurla Louis.

Et il courut vers le village en criant :

— Au loup ! Au loup !

Mais sa grand-mère ne le crut pas.

— Tu racontes tout le temps la même chose ! Change de refrain ! dit-elle.

— Au loup ! criait toujours Louis.

Mais personne ne l'écoutait.

— Au secours ! hurlait le pauvre garçon.
Tout le monde riait.
— Tu te moques encore de nous ! lui dirent les grandes personnes.

Le loup rattrapa Louis.
Alors les grandes personnes dirent au garçon :
— Cela t'apprendra à dire des mensonges !

- **Regardons les illustrations :** Pourquoi Louis crie-t-il ? Que fait le loup ?
- **Souvenons-nous du texte :** Quelle est l'attitude des grandes personnes ?
- **Aidons-nous du texte et des illustrations :** Pourquoi le loup regarde-t-il les grandes personnes ? À ton avis, que va-t-il arriver à Louis ?

il • une

1 Lisons la suite de l'histoire

À ces mots, le loup eut une idée : il décida de laisser Louis tranquille... et de manger les grandes personnes.

- **Regardons l'illustration :** Où est le loup ?
- **Comprenons le texte :** Quelle idée a-t-il eue ?
- **Aidons-nous du texte et de l'illustration :** Que va-t-il faire ? Pourquoi décide-t-il de manger les grandes personnes ?

2 Lisons des mots du texte

une idée les personnes ces mots	il eut il décida manger	les **grandes** personnes	à et

3 Lisons de nouvelles phrases

- Louis eut une idée : il décida de manger le loup.
- Les grandes personnes sont les amies du loup.
- Le loup criait : « Au Louis ! ».

utils c'est • ensuite

1 Lisons la fin de l'histoire

Ensuite... il eut une autre idée : il dégusta Louis pour son dessert ! Que voulez-vous, c'est la vie !

- **Regardons l'illustration :** Que fait le loup ? Où est Louis ?
- **Comprenons le texte :** Quelle est l'autre idée du loup ?
- **Aidons-nous du texte et de l'illustration :** Quel est le menu du loup ? Quelle leçon peut-on tirer de cette histoire ?

2 Lisons des mots du texte

une idée son dessert la vie	il eut il dégusta vous voulez c'est		que pour ensuite

3 Lisons de nouvelles phrases

- Le dessert du loup, c'est Louis.
- Il dégusta les grandes personnes et ensuite Louis.
- Le loup mange Louis : c'est la vie !

1 Chassons les sons [o] et [ɔ]

2 Frappons les syllabes pour trouver les sons [o] et [ɔ]

3 Classons les mots

	o *o*	au *au*	eau *eau*
[o]	 un vélo	jaune	 un gâteau

	o *o*
[ɔ]	 un bol

Attention ! Je vois o mais je n'entends pas [o] dans « un loup ».

4 Lisons des mots déjà rencontrés

au ◆ Pauline ◆ octobre ◆ l'école ◆
les personnes ◆ un rocher ◆
aujourd'hui

o o O O
un stylo
un stylo

une pomme
une pomme

5 Nommons les lettres

o ◆ m ◆ r ◆ e   M ◆ l ◆ n ◆ o ◆ L   M ◆ U ◆ R ◆ o ◆ m

A ◆ u ◆ o ◆ N   l ◆ m ◆ O ◆ E ◆ N   o ◆ N ◆ M ◆ U ◆ o

6 Créons des syllabes

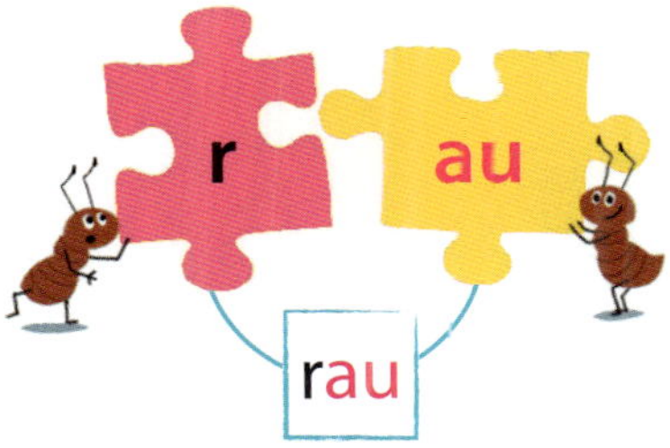

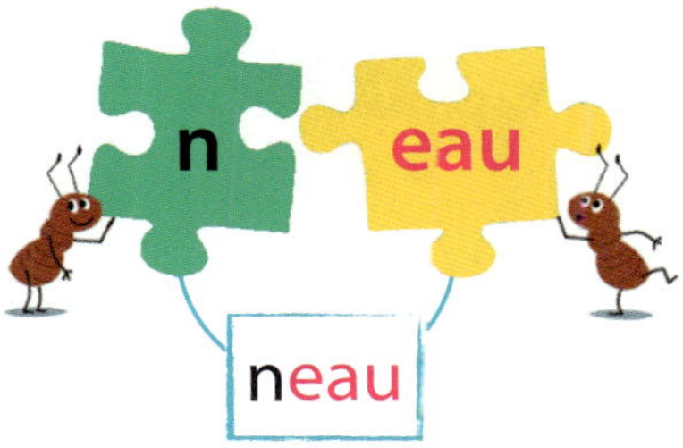

r	o	ro	r	e	re	r	u	ru
m	o	mo	m	e	me	m	u	mu
l	o	lo	l	e	le	l	u	lu

mo ◆ reau ◆ lo   ro ◆ lau ◆ ru   nau ◆ lo ◆ ra

leau ◆ mu ◆ reau ◆ no   meau ◆ no ◆ neau ◆ me

7 Déchiffrons les mots

une momie ◆ un anneau ◆ de l'eau ◆ les mots ◆
un numéro ◆ de l'or ◆ les animaux ◆ un rôle

1 Grammaire : la phrase (majuscule et point)

- Le loup décida de manger les grandes personnes.
- Il décida de déguster Louis pour son dessert.
- Un jour, le loup bondit sur Pauline.

Reconstituons la phrase :

de manger   les grandes personnes.   décida   Le loup

Trouvons d'autres phrases.

2 Vocabulaire : les animaux

un loup

un …

un …

un …

Trouvons d'autres animaux.

3 Production d'écrit : cherchons de nouvelles phrases

Trouvons des phrases qui correspondent à l'un des deux dessins.

Découvrons d'autres livres

La soupe au caillou

Un méchant loup très chic s'apprête à manger mère Poule quand celle-ci lui propose de goûter sa fameuse soupe au caillou, aussi savoureuse que longue à préparer…

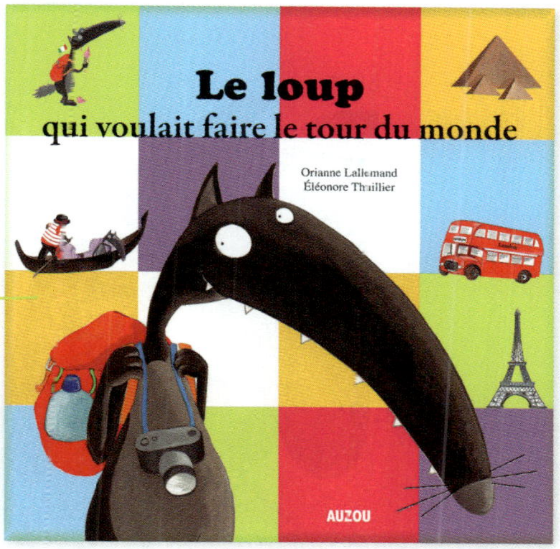

Le loup qui voulait faire le tour du monde

Loup s'ennuie dans sa forêt quand lui vient une brillante idée : et s'il voyageait ?

Loup-Rouge

Loup-Rouge est un loup très spécial : ses poils sont rouges du museau à la queue…

Petit Loup gentil

Maxou, un petit loup tout gentil, apprend les secrets d'un grand méchant loup…

Pierre et le loup

Un petit garçon courageux, aidé par un oiseau et un canard, cherche à attraper un loup menaçant…

- Quels sont les points communs entre ces différents ouvrages ?
- Dans quelles histoires le loup n'a-t-il pas l'air méchant ?
- Dans la réalité, comment sont les loups ? Comment se déplacent-ils ? Comment s'expriment-ils ?

Le loup

Au fond du couloir
Le loup se prépare
Il met ses bottes noires…
Qui a peur du loup ?
Pas nous pas nous !
Au fond du couloir
Le loup se prépare
Il prend son mouchoir
Qui a peur du loup ?
Pas nous pas nous !
Au fond du couloir
Le loup vient nous voir
À pas de loup noir…
Qui a peur du loup ?
C'est nous !
Sauvons-nous !

© Marie Tenaille.

Le loup vexé

Un loup sous la pluie,
Sous la pluie qui mouille,
Loup sans parapluie,
Pauvre loup gribouille.

Est-ce qu'un loup nage ?
Entre chien et loup,
Sous l'averse en rage,
Un hurluberloup ?

Le loup est vexé
Parce qu'on prétend
Que par mauvais temps
Un loup sous la pluie
Sent le chien mouillé.

Claude Roy, Le Loup vexé,
in *Enfantasques*,
© Éditions Gallimard.

Révision, consolidation

1 Je relis l'histoire

Écoute *La rentrée des mamans* et observe les illustrations.
À qui appartiennent ces objets ?

2 Je connais les mots outils

Choisis deux mots outils et utilise-les dans une phrase.

elle ◆ mais ◆ enfin ◆ quand ◆ de ◆ la ◆ un ◆ le ◆ les ◆ et

3 Je révise les sons et les syllabes

Pauline a joué avec des syllabes. Lis les mots qu'elle a fabriqués.

lu ne — mu le — ma ri

la me — la ma — a mi — ra me

ma re — me nu — li me

4 Je sais lire !

- Les enfants repartent de l'école.
- Aline et Annie peuvent s'amuser.
- Ali et Lili ne veulent pas quitter la cour.

Révision, consolidation

1 Je relis l'histoire

Lis ce résumé de l'histoire et retrouve les mots cachés.

____ criait : « Au ____ ! », pour s'amuser.
Un jour, le ____ bondit de derrière un rocher.
Il décida de manger les grandes ____ et il dégusta
Louis pour son dessert.
Que voulez-vous ? C'est la vie !

2 Je connais les mots outils

Choisis deux mots et utilise-les dans une phrase.

au ◆ et ◆ c'est ◆ ensuite ◆ dans ◆ pour ◆
une ◆ il

3 Je révise les sons et les syllabes

Fabrique des mots en combinant les syllabes de même couleur.

	a	u	i	e	u	o / eau / au
l	la	lu	li	le	lu	lo
m	ma	mu	mi	me	mu	meau
r	ra	ru	ri	re	ru	rau
n	na	nu	ni	ne	nu	no

4 Je sais lire !

- Louis a une idée : il bondit sur le rocher.
- Pauline criait : « Au loup ! » dans la cour de l'école.
- Les enfants peuvent s'amuser avec les grandes personnes.

Auteur : Agnès de Lestrade
Illustrateur : Guillaume Plantevin

Regardons et écoutons

C'est l'histoire d'un éléphant qui n'est pas content parce qu'il a mal dormi à cause d'une chauve-souris qui a fait « crunch crunch » toute la nuit, pile au-dessus de son lit.

Au matin, l'éléphant, de très mauvaise humeur, croise son voisin le singe.

« Sors de mon chemin avant que je te croque le popotin ! » crie l'éléphant.

Et le singe, qui est tout riquiqui à côté de l'éléphant, s'enfuit en courant.

C'est l'histoire d'un singe qui n'est pas content à cause d'un éléphant qui a mal dormi à cause d'une chauve-souris qui a fait « crunch crunch » toute la nuit pile au-dessus de son lit.

Sur le chemin, le singe croise un serpent :
« Si j'étais toi, je disparaîtrais ! Je suis très très énervé !
Et je risque de te transformer en sac à main pour ma fiancée ! »

- **Regardons les illustrations :** Observe l'attitude de chacun des personnages : quels sentiments éprouvent-ils ?
- **Souvenons-nous du texte :** Pourquoi l'éléphant est-il de mauvaise humeur ? Pourquoi le singe n'est-il pas content ?
- **Aidons-nous du texte et des illustrations :** Pourquoi le singe s'enfuit-il ? À ton avis, que va faire le serpent ?

qui • sous

1 Lisons la suite de l'histoire

Et le serpent, qui est beaucoup plus riquiqui que le singe, file sous un rocher sans se retourner.

- **Regardons l'illustration :** Vers où le regard du serpent se tourne-t-il ? Pourquoi ?
- **Comprenons le texte :** Pourquoi le serpent file-t-il ?
- **Aidons-nous du texte et de l'illustration :** Où la scène se passe-t-elle ? Pourquoi ?

2 Lisons des mots du texte

le serpent le singe un rocher	il est il file se retourner	il est **riquiqui**	beaucoup plus … que sans

3 Lisons de nouvelles phrases

- Le singe est beaucoup plus riquiqui que le serpent.
- Le serpent est plus riquiqui que le rocher.
- Le singe retourne sous le rocher.

au-dessus

1 Lisons la suite de l'histoire

C'est l'histoire d'un serpent qui n'est pas content
à cause d'un singe qui a eu peur d'un éléphant
qui a mal dormi à cause d'une chauve-souris
qui a fait « crunch crunch » toute la nuit,
pile au-dessus de son lit.

- **Regardons l'illustration :** Quels détails montrent que le serpent n'est pas content ?
- **Comprenons le texte :** Pourquoi le serpent n'est-il pas content ?
- **Aidons-nous du texte et de l'illustration :** Pourquoi le serpent regarde-t-il en arrière ?

2 Lisons des mots du texte

un éléphant une chauve-souris la nuit	il a eu peur il a dormi elle a fait	il est **content**	pile au-dessus

3 Lisons de nouvelles phrases

- Un serpent a eu peur de la nuit.
- Un singe a fait « crunch crunch » au-dessus du lit d'un serpent.
- Un éléphant a mal dormi et il n'est pas content.

1 Chassons le son [ʃ]

2 Frappons les syllabes pour trouver le son [ʃ]

3 Classons les mots

ch *ch*

[ʃ]

une **ch**ouette

une é**ch**arpe

un para**ch**ute

une ha**ch**e

Attention ! Je vois **ch** mais je n'entends pas [ʃ] dans « une **ch**orale ».

ch ch
un chien
un chien

4 Lisons des mots déjà rencontrés

dimanche • un chemin • un rocher •
une chauve-souris • crunch crunch

5 Créons des syllabes

chu

che

cho

ch — a — cha
ch — i — chi
ch — u — chu

n — o — no
n — e — ne
n — a — na

r — u — ru
r — i — ri
r — a — ra

cha • chi • me • cho   chau • la • lo   cha • le • mi • rau

meau • le • na • chu   lu • ri • no • che

6 Déchiffrons les mots

un chat • un chalumeau • une niche • un chameau •
un chariot • une charrue • arracher • chiche •
il est riche • le chat • c'est chaud

1 Grammaire : c'est … qui

- Un éléphant a mal dormi.
  → **C'est** un éléphant **qui** a mal dormi.
- Un singe a eu peur.
  → **C'est** un singe **qui** a eu peur.
- Une chauve-souris a fait « crunch crunch ».
  → **C'est** une chauve-souris **qui** a fait « crunch crunch ».

Ajoutons c'est … qui dans d'autres phrases.

2 Vocabulaire : le sens des mots

Elle est pile au-dessus de son lit.

Ils font une pile de vêtements.

J'ai besoin d'une pile.

Trouvons d'autres mots qui ont plusieurs sens.

3 Production d'écrit : cherchons de nouvelles phrases

Trouvons des phrases qui correspondent à l'un des deux dessins.

L'éléphant

1

2

3

4

Ces images sont tirées d'un livre documentaire sur les éléphants.

- Nomme les animaux qui sont représentés autour des éléphants.
  Sais-tu sur quel continent ils vivent ?
- Observe ce que l'éléphant fait avec sa trompe sur les dessins 1, 2 et 4. À quoi lui sert-elle ?
- En Inde, les éléphants sont dressés par les hommes (dessin 3).
  Quel nouvel usage font-ils de leur trompe ?

Regardons et écoutons

Sur son chemin, il croise une souris :
« Je te préviens, j'ai très faim. Si tu ne disparais pas immédiatement, je t'avalerai, toi et tes dix mouflets ! »

Et la souris s'enfuit en criant comme une souris qui a très peur d'un serpent.

Et c'est comme ça qu'elle tombe sur l'éléphant, celui qui n'était pas content parce qu'il n'avait pas dormi de la nuit à cause d'une chauve-souris... enfin... tu connais la suite.

D'accord, une souris, c'est riquiqui à côté d'un éléphant ; mais les éléphants ont très peur des souris qui pourraient entrer dans leur trompe et les étouffer en un rien de temps.

Alors la souris fait « bouh ! » Juste « bouh ! » Et ça suffit à faire fuir l'éléphant, qui part en courant s'enfermer dans sa maison.

- **Regardons les illustrations :** À quel moment de la journée se passe cet épisode ? À quoi le vois-tu ?
- **Souvenons-nous du texte :** Quel sentiment les souris inspirent-elles aux éléphants ? Pourquoi ?
- **Aidons-nous du texte et des illustrations :** Pourquoi l'éléphant s'interrompt-il ? À ton avis, que va faire la souris ?

1 Lisons la suite de l'histoire

C'est l'histoire d'une souris très très fière d'avoir fait peur à l'éléphant et qui s'en va de ce pas raconter ses prouesses à sa meilleure amie la chauve-souris, celle-là même qui avait fait « crunch crunch »... bla-bla-bla.

- **Regardons l'illustration :** À quel moment de la journée se passe cet épisode ?
- **Comprenons le texte :** Pourquoi la souris est-elle fière ?
- **Aidons-nous du texte et de l'illustration :** Où va la souris ?

2 Lisons des mots du texte

l'histoire ses prouesses son amie	avoir fait elle s'en va raconter	elle est **fière**	très même

3 Lisons de nouvelles phrases

- L'éléphant a même fait peur à une amie de la chauve-souris.
- La souris qui est très fière raconte des histoires.
- Une amie de l'éléphant raconte ses prouesses à la souris.

1 Lisons la fin de l'histoire

Et les deux copines rient tellement,
pile au-dessus du lit de l'éléphant que...
Si tu veux connaître la suite de l'histoire, relis-la !

- **Regardons l'illustration :** À quel moment de la journée se passe cet épisode ?
- **Comprenons le texte :** Comment la première phrase pourrait-elle se terminer ?
- **Aidons-nous du texte et des illustrations :** Où se trouvent les deux copines ?

2 Lisons des mots du texte

les copines	elles rient		tellement … que
le lit	tu veux		si
la suite	connaître		deux
l'histoire	relis		

3 Lisons de nouvelles phrases

- Si tu veux rire, relis la suite de l'histoire.
- Si tu veux connaître les deux copines, relis l'histoire.
- L'éléphant veut tellement connaître la suite de l'histoire qu'il la relit.

1 Chassons le son [e]

2 Frappons les syllabes pour trouver le son [e]

  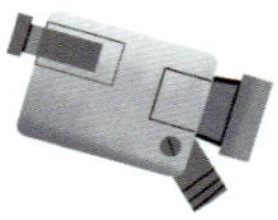  

3 Classons les mots

[e]

é *é*		ez *ez*	er *er*
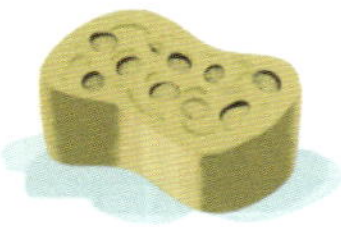			
une éponge	un vélo	le nez	un rocher

Attention ! Je vois **er** mais je n'entends pas [e] dans « la m**er** ».

é é É É
un bébé
un bébé

4 Lisons des mots déjà rencontrés

la rentrée ◆ l'école ◆ dernier ◆ soulagés ◆
s'amuser ◆ un rocher ◆ une idée ◆
vous voulez ◆ un éléphant ◆ raconter

5 Nommons les lettres

é ◆ É ◆ I   U ◆ h ◆ L ◆ u   o ◆ R ◆ é
r ◆ A ◆ É ◆ i   É ◆ H ◆ m   n ◆ O ◆ É ◆ a

6 Créons des syllabes

l	é	lé	r	o	ro	n	e	ne
m	é	mé	ch	o	cho	l	e	le

lé ◆ mé ◆ ré ◆ né   chau ◆ la ◆ lo   lé ◆ meau ◆ né ◆ le
na ◆ ré ◆ lau   ri ◆ no ◆ li ◆ chu

7 Déchiffrons les mots

mémé ◆ chez ◆ le ré ◆ la cheminée ◆ arracher ◆
le marché ◆ un lé ◆ le nez ◆ un archer

1 Grammaire : tellement ... que

- Elles rient **tellement qu'**elles en pleurent.
- Tu veux **tellement** connaître la suite **que** je te la raconte.
- Elle lui a fait **tellement** peur **qu'**il s'en va.

Trouvons d'autres phrases avec tellement ... que.

2 Vocabulaire : les amies / les copines

les deux amies
→ les deux copines

un livre
→ un bouquin

un nez
→ un pif

Trouvons d'autres paires de mots.

3 Production d'écrit : cherchons de nouvelles phrases

Trouvons des phrases qui correspondent à l'un des deux dessins.

Découvrons d'autres livres

1

Nsoko l'orphelin
Nsoko est un éléphanteau qui a perdu sa mère. L'amitié d'un petit garçon l'aidera à surmonter ce malheur.

2

Grand, fort et sage, l'éléphant
Toutes les réponses aux questions que l'on se pose sur l'éléphant : ses ancêtres, son habitat, son mode de vie...

4

Des nouvelles de mon chat
Un chat avec une trompe et de grandes oreilles qui rencontre sa fiancée ? Des éclats de rire en perspective.

3

Pomelo est bien sous son pissenlit
Pomelo est un éléphant qui est si petit qu'il peut se mettre à l'abri... sous un pissenlit ! Il se pose des questions sur tout ce qui l'environne, un peu comme les enfants.

- Un de ces livres ne raconte pas une histoire. Lequel ? Comment le sais-tu ?
- Lequel de ces livres ressemble le plus au n° 2 ? Pourquoi ?
- À ton avis, où se passe l'histoire racontée dans l'album n° 1 ?

L'éléphant se douche

L'éléphant se douche, douche, douche,
Sa trompe est un arrosoir
L'éléphant se mouche, mouche, mouche,
Il lui faut un grand mouchoir
L'éléphant dans sa bouche, bouche, bouche,
À deux défenses en ivoire
L'éléphant se couche, couche, couche
À huit heures tous les soirs.

Raymond Lichet, D.R.

Deux petits éléphants...

C'était deux petits éléphants,
Deux petits éléphants tout blancs.

Lorsqu'ils mangeaient de la tomate,
Ils devenaient tout écarlates.

Dégustaient-ils un peu d'oseille,
On les retrouvait vert bouteille.

Suçaient-ils une mirabelle,
Ils passaient au jaune de miel.

On leur donnait alors du lait :
Ils devenaient d'un blanc frais.

Mais on les gava, près d'Angkor,
Pour le mariage d'un raja,

D'un grand sachet de poudre d'or.
Et ils brillèrent, ce jour-là,

D'un tel éclat que plus jamais,
Même en buvant des seaux de lait,

Ils ne redevinrent tout blancs,
Ces jolis petits éléphants.

Maurice Carême,
extrait de *Pomme de reinette,*

Auteur : adaptation d'un conte des frères Grimm
Illustrateur : Mathilde Lebeau

Regardons et écoutons

Il était une fois un bûcheron qui vivait pauvrement dans la forêt avec sa famille. Sa femme était vieille et cruelle, mais ses deux enfants, Hansel et Gretel, suffisaient à son bonheur. Il était courageux et travaillait dur, mais il n'y avait jamais assez de nourriture à la maison.
Un jour, la femme du bûcheron se déclara lasse d'avoir tant de bouches à nourrir.

« Demain, dit-elle, nous irons abandonner les enfants au fond de la forêt. Ils sont trop jeunes pour retrouver le chemin de la maison et devront apprendre à se débrouiller. »

Le bûcheron, qui aimait beaucoup ses enfants, fut très triste de cette décision. Mais Hansel, que la faim tenait éveillé, avait tout entendu.

Il se leva, sortit dans la nuit et ramassa plein de cailloux blancs qu'il mit dans sa poche.

Le lendemain matin, toute la famille partit dans la forêt.

- **Regardons les illustrations :** Quel sentiment éprouve chacun des personnages ?
- **Souvenons-nous du texte :** Que décident de faire le bûcheron et sa femme ?
- **Aidons-nous du texte et des illustrations :** Qui est Hansel ? Où se trouve-t-il sur la seconde illustration ? À ton avis, que va faire Hansel avec ses cailloux ?

là • tout de suite

1 Lisons la suite de l'histoire

« Restez là, dit la femme, nous allons chercher du bois et nous revenons tout de suite. »
Mais ils ne revinrent jamais.

- **Regardons l'illustration :** Où la scène se passe-t-elle ? Que fait Hansel ?
- **Comprenons le texte :** Qui est la femme ?
- **Aidons-nous du texte et de l'illustration :** Les parents d'Hansel et de Gretel ont-ils l'intention de revenir ?

2 Lisons des mots du texte

la femme du bois	nous allons chercher nous revenons		là tout de suite mais ne … jamais

3 Lisons de nouvelles phrases

- Nous allons tout de suite chercher du bois.
- Nous allons là et nous ne revenons jamais.
- Nous revenons chercher la femme.

Outils avant • eux • sur

1 Lisons la suite de l'histoire

Heureusement, Hansel avait semé tous ses cailloux blancs sur le chemin. Avant la nuit tombée, les deux enfants étaient retournés chez eux.

- **Regardons l'illustration :** Vers où les deux enfants se dirigent-ils ?
- **Comprenons le texte :** Comment les enfants retrouvent-ils leur chemin ?
- **Aidons-nous du texte et de l'illustration :** Quelle est la différence entre le texte et l'illustration ?

2 Lisons des mots du texte

ses cailloux
le chemin
la nuit
les enfants

il avait semé
ils étaient retournés

ses cailloux **blancs**

heureusement
sur
avant
chez

3 Lisons de nouvelles phrases

- Les deux enfants étaient heureusement retournés chez eux.
- Les enfants étaient retournés sur le chemin.
- Avant la nuit, il avait semé les cailloux.

1 Chassons le son [t]

2 Frappons les syllabes pour trouver le son [t]

3 Classons les mots

[t]	t *t*			tt *tt*
	 une **t**able	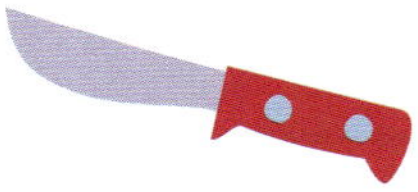 un cou**t**eau	 une crava**t**e	 des lune**tt**es

Attention ! Je vois **t** mais je n'entends pas [t] dans « une addi**t**ion ».

t t T T
un taxi
un taxi

4 Lisons des mots déjà rencontrés

le tableau ◆ le maître ◆ très ◆ quitter ◆
elles sont inquiètes ◆ il dégusta ◆
une histoire ◆ ils étaient retournés ◆ la suite

5 Nommons les lettres

a ◆ i ◆ t   u ◆ T ◆ I ◆ i   T ◆ M ◆ R

e ◆ n ◆ o   i ◆ l ◆ T   t ◆ l ◆ A

6 Créons des syllabes

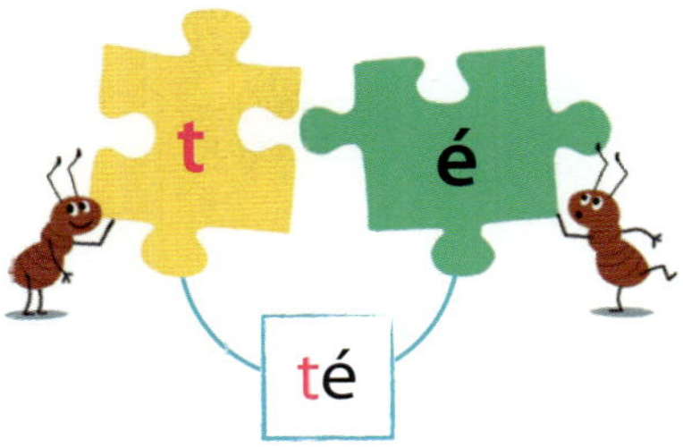

t — u — tu
t — i — ti
t — a — ta

ch — o — cho
ch — e — che
ch — u — chu

n — é — né
n — i — ni
n — a — na

ta ◆ ti ◆ té ◆ to ◆ tu   la ◆ lo ◆ ta ◆ lé

mi ◆ ra ◆ che   na ◆ tu ◆ lu ◆ ri ◆ te

7 Déchiffrons les mots

une tortue ◆ un litre ◆ une chatte ◆ une tartine ◆ une natte ◆
une marmite ◆ une chute ◆ une tétine ◆ un château

1 Grammaire : mes – tes – ses

- **Hansel** avait semé **ses** cailloux.
- **J'**avais semé **mes** cailloux.
- **Tu** avais semé **tes** cailloux.

Trouvons d'autres noms avec mes, tes, ses.

2 Vocabulaire : le sens des mots

Le garçon a semé ses cailloux.

Le jardinier a semé ses graines.

Le voleur a semé les policiers.

Trouvons d'autres mots qui ont plusieurs sens.

3 Production d'écrit : cherchons de nouvelles phrases

Trouvons des phrases qui correspondent à l'un des deux dessins.

Hansel et Gretel au cinéma

1

2

3

- Comment s'appellent ces documents ?
- À quoi servent-ils ?
- Compare Hansel et Gretel sur chacun d'eux. Que remarques-tu ?
- Compare les éléments du décor qui ont été choisis.

Regardons et écoutons

En les voyant arriver, la vieille femme fut très contrariée et dit au bûcheron : « Demain, nous les emmènerons encore plus loin et, de là, ils ne pourront plus revenir. »

Le matin, ils allèrent dans la forêt et marchèrent longtemps... Hansel et Gretel avaient très faim mais, au lieu de manger le pain qu'on leur avait donné, Hansel l'avait jeté derrière lui.

« Nous suivrons les miettes et ainsi nous retrouverons le chemin de la maison », dit-il à sa sœur.

Mais ils étaient bien fatigués et s'endormirent. Lorsqu'ils se réveillèrent, il faisait presque nuit. Le bûcheron et sa femme étaient partis.

Et, quand les enfants voulurent rentrer chez eux, plus de miettes !
« Maintenant nous ne retrouverons plus le chemin de la maison »,
dit Gretel.

- **Regardons l'illustration :** Observe l'attitude du bûcheron et de sa femme. Quels sont leurs sentiments ?
- **Souvenons-nous du texte :** Pourquoi Hansel a-t-il jeté du pain derrière lui ?
- **Aidons-nous du texte et de l'illustration :** Le pain a-t-il été aussi efficace que les cailloux ? Pourquoi ? À ton avis, les enfants sont-ils perdus à jamais ? Justifie ta réponse.

soudain • bien

Mo

1 Lisons la suite de l'histoire

Bien triste, elle allait se mettre à pleurer
quand, soudain, ils aperçurent
une adorable maisonnette.

- **Regardons l'illustration :** Que découvrent les enfants en regardant le chemin ?
- **Comprenons le texte :** Qui allait se mettre à pleurer ? Pourquoi ?
- **Aidons-nous du texte et de l'illustration :** Où l'oiseau semble-t-il emmener les enfants ?

2 Lisons des mots du texte

une maisonnette	elle allait se mettre pleurer ils aperçurent	il est **triste** elle est **adorable**	bien quand soudain

3 Lisons de nouvelles phrases

- Soudain, ils aperçurent une bien triste maisonnette.
- Ils aperçurent une adorable maisonnette quand elle allait se mettre à pleurer.

utils

si • en

1 Lisons la suite de l'histoire

C'était une petite maison
faite de pain d'épice,
le toit était de délicieux
biscuits et les volets faits
en sucre candy.
Ils étaient si affamés
qu'ils cassèrent
un morceau du toit
et mangèrent
en se régalant.

- **Regardons l'illustration :** Pourquoi Hansel et Gretel se tiennent-ils la main ?
- **Comprenons le texte :** Qu'ont mangé les deux enfants ?
- **Aidons-nous du texte et de l'illustration :** Recherche dans le dessin les détails de la description. Que penses-tu de cette petite maison ?

2 Lisons des mots du texte

une maison
le toit
les volets
du sucre

elle était faite
ils cassèrent
ils mangèrent
en se régalant

elle est **petite**
ils sont **affamés**

si … que
en

3 Lisons de nouvelles phrases

- Le toit de la petite maison était fait en sucre.
- Ils cassèrent les volets et mangèrent le toit.
- Ils étaient si affamés qu'ils se régalèrent en cassant du sucre.

1 Chassons le son [ɔ̃]

2 Frappons les syllabes pour trouver le son [ɔ̃]

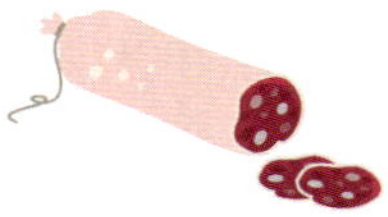

3 Classons les mots

[ɔ̃]	on *on*			om *om*
	 un bonbon	 une éponge	 champignon	 un pompier

Attention ! Je vois on ou om mais je n'entends pas [ɔ̃] dans « une lionne », « une pomme ».

on *on*
du savon
du savon

4 Lisons des mots déjà rencontrés

nous entrons ◆ elles sont ◆ elles font ◆
raconter ◆ il bondit ◆ la maison ◆
il est content ◆ nous allons ◆ nous revenons

5 Créons des syllabes

r —— on —— ron
m —— on —— mon
l —— on —— lon

t —— é —— té
ch —— é —— ché
n —— é —— né

m —— o —— mo
t —— o —— to
r —— o —— ro

chon ◆ ron ◆ *li*   cha ◆ ri ◆ lon   te ◆ *mon* ◆ to ◆ *non*
nu ◆ ton ◆ ma ◆ lon   le ◆ mo ◆ *la*

6 Déchiffrons les mots

un torchon ◆ du thon ◆ un chaton ◆ un héron ◆ un melon
◆ un lion ◆ un marron ◆ un tonton ◆ long ◆ un rond

1 Grammaire : il était – ils étaient

il était	il allait	il avait
ils étaient	ils allaient	ils avaient

▌**Trouvons d'autres verbes à la 3e personne.**

2 Vocabulaire : une petite maison / une maisonnette

une petite maison
→ une maisonnette

une petite chèvre
→ une chevrette

une petite statue
→ une statuette

▌**Trouvons d'autres noms qui se construisent de la même façon.**

3 Production d'écrit : cherchons de nouvelles phrases

▌**Trouvons des phrases qui correspondent à l'un des deux dessins.**

La recette du pain d'épices

Il te faut :

- 250 g de farine
- 100 g de sucre
- 125 g de miel
- 1/2 sachet de levure
- 1 verre de lait
- 1 pincée de sel
- Des épices en poudre : cannelle, anis, quatre-épices, muscade

1 Fais fondre le miel au micro-ondes.

2 Verse tous les ingrédients dans un grand bol et mélange bien.

3 Beurre le moule avant d'y verser le mélange.

4 Mets le pain d'épices à cuire dans le four préalablement chauffé à 180 °C durant 20 à 30 min.

5 Pour savoir si le pain d'épices est cuit, il suffit de planter une lame de couteau au centre. Si la lame en ressort propre, le gâteau est cuit !

- À quoi sert ce document ?
- Dans quel type de livre peut-on le trouver ?
- À qui s'adresse-t-il ?
- Combien y a-t-il d'étapes de réalisation ?
- Comment appelle-t-on tous les éléments qui sont présentés en bleu ?

Regardons et écoutons

Tout à coup, une vieille femme sortit en ricanant. C'était une méchante sorcière qui n'aimait qu'une seule chose : manger les petits enfants. Elle avait vu Hansel et Gretel dans la forêt et avait fait surgir par magie cette maisonnette pour les attirer. Elle invita les enfants à partager son repas. Le dîner fini, ils étaient si épuisés qu'aussitôt ils s'endormirent.

À leur réveil, Hansel était enfermé dans une cage et Gretel comprit alors que c'était une sorcière ! « À présent, tu feras le ménage et la cuisine, lui ordonna la sorcière. Et quand ton frère sera bien gras, je le mangerai. »

Mais les sorcières sont myopes, et chaque fois qu'elle demandait à Hansel de lui tendre un doigt pour savoir s'il était assez gros, le petit garçon, très rusé, lui donnait un morceau de bois à toucher.

« Maigre, tu es encore trop maigre pour faire un bon dîner ! »

► **Regardons l'illustration :** Qu'est-ce que Gretel était en train de faire ?

► **Souvenons-nous du texte :** Pourquoi la sorcière a-t-elle attiré les enfants ?

► **Aidons-nous du texte et de l'illustration :** À quel moment de l'histoire l'illustration correspond-elle ? À ton avis, que va-t-il arriver aux enfants ?

son

Mot

1 Lisons la suite de l'histoire

Au bout d'un mois, la méchante sorcière perdit patience. Elle demanda à Gretel d'ouvrir le four et d'allumer le feu pour faire rôtir son frère.

- **Regardons l'illustration :** Pourquoi la sorcière tâte-t-elle le morceau de bois ?
- **Comprenons le texte :** Qu'est-ce que la sorcière veut faire à Hansel ?
- **Aidons-nous du texte et de l'illustration :** À quoi voit-on que la sorcière perd patience ?

2 Lisons des mots du texte

un mois
la sorcière
le four
le frère

elle demanda
ouvrir
allumer
faire rôtir

elle est **méchante**

au bout de
pour

3 Lisons de nouvelles phrases

- Au bout d'un mois, Gretel demanda à la méchante sorcière de faire rôtir son frère.
- La sorcière demanda d'ouvrir le four.
- La méchante sorcière demanda à son frère d'allumer le four.

outils — assez

1 Lisons la suite de l'histoire

La sorcière se pencha pour voir si le four était assez chaud… et Gretel l'y poussa et referma la porte.
Ensuite, elle se précipita pour délivrer Hansel.

- **Regardons l'illustration :** Que fait Gretel avec son balai ?
- **Comprenons le texte :** Pourquoi Gretel pousse-t-elle la sorcière ?
- **Aidons-nous du texte et de l'illustration :** Qu'arrive-t-il à la sorcière ?

2 Lisons des mots du texte

la sorcière le four la porte Hansel	elle se pencha elle poussa elle referma délivrer	il est **chaud**	pour si assez ensuite

3 Lisons de nouvelles phrases

- Hansel délivra une assez méchante sorcière.
- Gretel poussa la porte du four et ensuite elle délivra Hansel.
- La sorcière se pencha et referma le four chaud.

1 Chassons le son [d]

2 Frappons les syllabes pour trouver le son [d]

3 Classons les mots

[d]

d *d*			dd *dd*
 un **d**omino	 un ca**d**eau	 un ca**d**enas	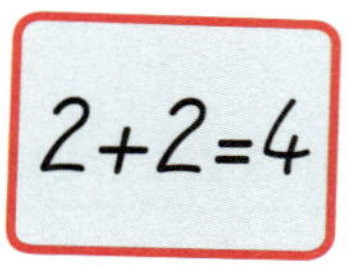 une a**dd**ition

Attention ! Je vois **d** mais je n'entends pas [d] dans « un pie**d** ».

2

d d D D
deux
deux

4 Lisons des mots déjà rencontrés

mercredi ◆ il bondit ◆ il décida ◆
elle boude ◆ un dessert ◆ délivrer ◆
elle demanda ◆ délicieux ◆ soudain ◆ adorable

5 Nommons les lettres

A ◆ T ◆ D   h ◆ o ◆ b ◆ t   D ◆ r ◆ i

R ◆ l ◆ U ◆ d   n ◆ b ◆ H   D ◆ T ◆ a ◆ d

6 Créons des syllabes

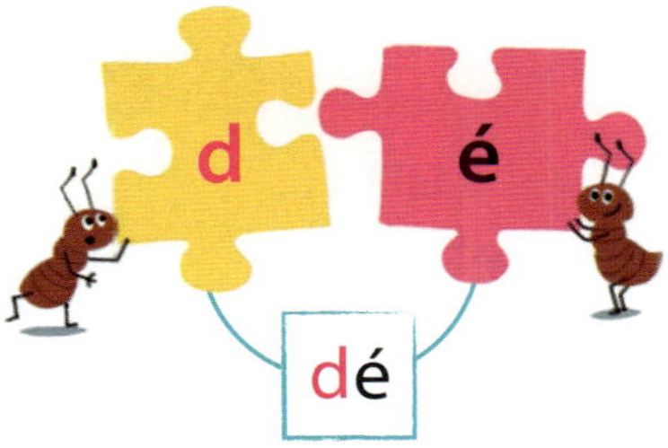

d	e	de
	u	du
	i	di
	a	da

t	an	tan
	é	té
	o	to
	on	ton

du ◆ de ◆ ta ◆ di   don ◆ da ◆ de   dé ◆ ra ◆ du

le ◆ nu ◆ ri ◆ mé   ma ◆ ti ◆ chu ◆ cho

7 Déchiffrons les mots

la date ◆ un radis ◆ un dîner ◆ un dé ◆ inondé ◆ un dindon ◆ une radio ◆ des dominos ◆ un dodo ◆ un adulte

1 Grammaire : méchant – méchante

- la **méchante** sorcière
- le **méchant** sorcier

- la tarte **chaude**
- le gâteau **chaud**

- la **petite** maison
- le **petit** chalet

Trouvons d'autres adjectifs qui ont leur féminin en -e.

2 Vocabulaire : un sorcier / une sorcière

un sorcier
et une sorcière

un …
et une …

un …
et une …

Trouvons d'autres noms formés de la même manière.

3 Production d'écrit : cherchons de nouvelles phrases

Trouvons des phrases qui correspondent à l'un des deux dessins.

D'autres illustrations d'Hansel et Gretel

1

Illustration de Theodor Hosemann, XIXe siècle.

2

Illustration de Kay Nielsen, 1929.

3

Illustration d'Anthony Browne, 1981.

Tous ces dessins sont tirés de livres racontant l'histoire d'Hansel et Gretel.

- Retrouve à quel passage de l'histoire correspond chacun d'eux.
- Classe-les dans l'ordre de l'histoire.
- Donne-leur une légende.

Regardons et écoutons

Dans la maison, ils découvrirent un sac rempli d'or, de diamants, de bijoux et de pierres précieuses. Hansel et Gretel eurent tôt fait de retrouver la direction de la maison.

Tout à coup, ils débouchèrent sur les bords d'un étang. Sur l'eau limpide nageaient de grands cygnes blancs. Les deux enfants étaient obligés de traverser le lac, mais ils ne pouvaient pas nager, leurs poches débordant de trésors.

« J'ai une idée, s'exclama Gretel ! Nous allons chacun nous asseoir sur le dos d'un cygne et ainsi, nous gagnerons l'autre rive. »

Ainsi fut fait.

- **Regardons l'illustration :** Quel sentiment éprouvent les enfants ?
- **Souvenons-nous du texte :** Pourquoi les enfants ne peuvent-ils pas nager ?
- **Aidons-nous du texte et des illustrations :** À quel moment de l'histoire l'illustration correspond-elle ? À ton avis, que va-t-il arriver aux enfants ?

1 Grammaire : ne ... pas / ne ... plus / ne ... jamais

- Ils se quittent. → Ils **ne** se quittent **pas**.
  → Ils **ne** se quittent **plus**.
  → Ils **ne** se quittent **jamais**.
- Ils manquent d'argent. → Ils **ne** manquent **pas** d'argent.
  → Ils **ne** manquent **plus** d'argent.
  → Ils **ne** manquent **jamais** d'argent.

Trouvons d'autres phrases négatives.

2 Vocabulaire : trouver / retrouver

trouver → **re**trouver
lire → **re**lire
passer → **re**passer
tendre → **re**tendre
bondir → **re**bondir

ajouter → **r**ajouter
entrer → **r**entrer
acheter → **r**acheter
ajuster → **r**ajuster
emplir → **r**emplir

Trouvons d'autres verbes qui se construisent de la même façon.

3 Production d'écrit : cherchons de nouvelles phrases

Trouvons des phrases qui correspondent à l'un des deux dessins.

Découvrons d'autres livres

Blanche Neige
La beauté peut parfois attirer des ennuis. Blanche Neige en fera l'expérience. Heureusement, l'amour triomphe de tout.

Le Chat Botté
Le meunier a laissé à son fils un drôle d'héritage : un chat ! Mais pas n'importe lequel…

Dans la forêt profonde
Chacun sait pourtant qu'il ne faut pas traverser la forêt pour aller chez sa grand-mère ! La promenade d'un petit garçon en forêt et dans le pays des contes.

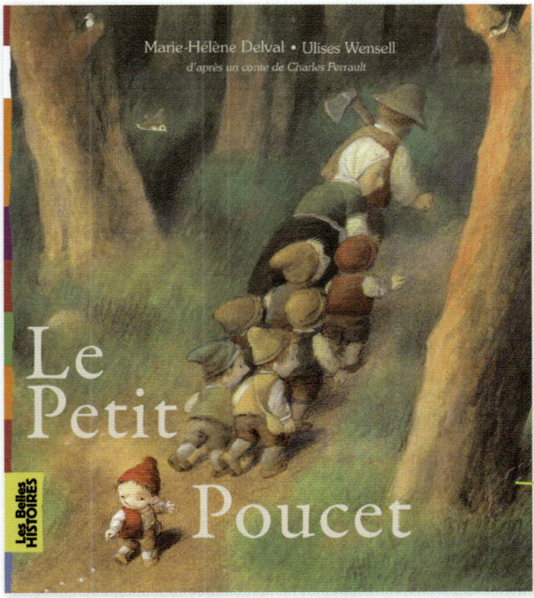

Le Petit Poucet
C'est un tout petit garçon qui va sauver tous ses frères. Comment ? Tu connais déjà une de ses ruses…

- Trois de ces albums appartiennent au même genre de texte : lesquels ? Quel est ce genre ?
- Regarde la couverture de l'album : *Dans la forêt profonde*. En quoi se distingue-t-elle des autres ? Peux-tu faire des hypothèses sur l'histoire à partir de cette première page ?
- Quel est l'endroit le plus représenté sur ces couvertures ?

Cailloux

Caillou noir,
Pas d'espoir.
Caillou rouge,
Rien ne bouge.
Caillou rond,
Pas un rond.
Caillou gris,
Rien de pris.
Caillou vert,
On le perd.
Caillou rose,
Peu de chose.
Caillou jaune,
On le prône,
Caillou blanc,
Vif argent.
Caillou d'or,
Quel trésor !
Caillou bleu,
Qui dit mieux ?
Moi, moi, moi,
Dit le fou :
Caillou plat
Et sans trou.

Maurice Carême,
extrait de *L'arlequin*,

Le caillou

J'ai un caillou
Dans mon soulier
Qui me fait mal,
Très mal au pied.
J'ai un caillou
Dans mon soulier
Mais tant pis si
J'ai mal au pied.
J'ai voyez-vous,
Beaucoup trop peur
Que le caillou
Soit dans mon cœur.

Pierre Coran,
Le Caillou, P. Coran/S. Ghisoland

Révision, consolidation

1 Je relis l'histoire

Reprends l'illustration de la page 85 et décris-la.
Et si c'était l'histoire de la chauve-souris ?
Raconte-la.

2 Je connais les mots outils

Lis les mots dans l'ordre alphabétique.

A	B	C	D	E	F	G	H	I	J	K	L	M
N	O	P	Q	R	S	T	U	V	W	X	Y	Z

la ◆ deux ◆ au ◆ quand ◆ sous ◆ pour ◆ ensuite ◆
même ◆ très

3 Je révise les sons et je déchiffre des mots

 un chien	ch	une cheminée ◆ une niche ◆ une hachure ◆ un chameau ◆ arracher ◆ une charrue ◆ un chat ◆ charmer ◆ acharné ◆ nicher
 un bébé	é er ez	le marché ◆ mener ◆ un rocher ◆ un archer ◆ mémé ◆ chez ◆ la marée ◆ le ré ◆ méli-mélo ◆ animé

4 Je sais lire !

Deux copines filent au lit pour lire des histoires.
Elles rient des prouesses d'une souris et d'un éléphant.
Leurs mamans sont contentes car elles s'amusent.
Mais quand c'est l'histoire d'un serpent, elles ont peur
et partent dormir.

Révision, consolidation

1 Je relis l'histoire

Reprends l'illustration de la page 93 et imagine la conversation entre le bûcheron et sa femme.

2 Je connais les mots outils

Lis les mots dans l'ordre alphabétique.

A	B	C	D	E	F	G	H	I	J	K	L	M
N	O	P	Q	R	S	T	U	V	W	X	Y	Z

bien ◆ tous ◆ longtemps ◆ qui ◆ soudain ◆ assez ◆ eux ◆ même

3 Je révise les sons et je déchiffre des mots

	un taxi	une tétine ◆ une tortue ◆ un château ◆ un tutu ◆ une chute ◆ une marmite ◆ une tartine ◆ tirer
	du savon	un chaton ◆ un torchon ◆ non ◆ un marron ◆ un tronc ◆ un melon ◆ un rond ◆ un lion ◆ mon
2	deux	un dindon ◆ un dé ◆ un landau ◆ des dominos ◆ un radis ◆ la date ◆ un dîner ◆ un adulte ◆ une radio ◆ déchirer
	un gant	dans ◆ une tente ◆ un champ ◆ une amende ◆ une amande ◆ une dent ◆ chanter ◆ enchanter ◆ attendre ◆ mentir

4 Je sais lire !

Une méchante femme avait fait rôtir un éléphant dans son four. Elle était fière et cruelle. Un serpent, un singe et une souris riquiqui vinrent se mettre au chaud dans son lit. Elle eut si peur qu'elle poussa la porte de sa maison et ne revint plus jamais.

Alphabet illustré

a A
a A
un ananas

b B
b B
une baleine

c C
c C
une cerise

d D
d D
un dragon

e E
e E
un éléphant

f F
f F
une fraise

g G
g G
une guitare

h H
h H
un hérisson

i I
i I
un igloo

j J
j J
un jaguar

k K
k K
un kangourou

l L
l L
la lune

m M
m M
un moulin

n N
n N
un nœud

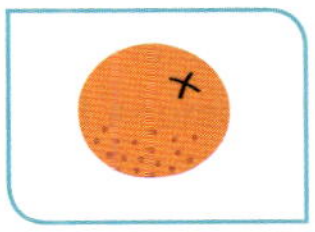
o O
o O
une orange

p P
p P
un parapluie

q Q
q Q
la queue

r R
r R
du raisin

s S
s S
une souris

t T
t T
une tomate

u U
u U
une usine

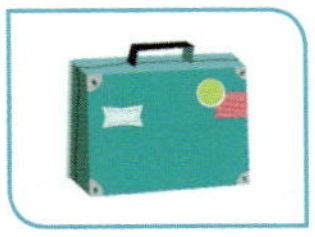
v V
v V
une valise

w W
w W
un wagon

x X
x X
un xylophone

y Y
y Y
un yaourt

z Z
z Z
Zorro

Crédits iconographiques

27 ht g	© Pascal SITTLER/REA
27 bas g	© Lydie LECARPENTIER/REA
27 bas d	© Norbert Kramer/Masterfile
35	(4 Ph.) © Biosphoto/Claudius Thiriet
51 ht g	Un ogre à l'école, « Milan Poche Benjamin », Blandine Aubin, Anne Laval © 2010, Éditions Milan
51 ht d	Quel stress pour la maîtresse, de Jo Hoestlandt et Éric Gasté © Actes Sud Junior, 2002, 2008
51 bas g	Philipok © 2007, Gautier-Languereau/Hachette Livre, Leo Tolstoï/Gennady Spirin
51 bas d	Écoles du monde, S. et A. Moreno, Milan Jeunesse © 2007, Éditions Milan
61 g	© Chris O' Reilly/naturepl.fr
61 ht d	© Wittek, R. /AGE
61 m d	© Eric Baccega/naturepl.fr
61 bas d	© Biosphoto/J.-L. Klein – M. L. Hubert
69 ht g	La soupe au caillou, Tony Ross © Éditions Mijade, 2005
69 ht d	Le loup qui voulait faire le tour du monde, O. Lallemand, E. Thuillier © Éditions Auzou, 2012
69 m	Loup-Rouge, de Domitille de Pressensé © 1998, 2011, Pocket Jeunesse, un département d'Univers Poche
69 bas g	Petit Loup gentil, Nadia Shireen © Éditions Nathan, 2012
69 bas d	Serge Prokofiev, Pierre et le Loup (livre-CD), collection « Hors série Musique » © Éditions Gallimard
81	Pierre Pfeffer, Grand, fort et sage, l'éléphant, illustrations de René Mettler, collection « Découverte Benjamin » © Éditions Gallimard
89 ht g	Nsoko l'orphelin, Colette Hellings et Dominique Mwankumi, collection « Archimède » © École des Loisirs, 2002
89 ht d	Pierre Pfeffer, Grand, fort et sage, l'éléphant, illustrations de René Mettler, collection « Découverte Benjamin »© Éditions Gallimard
89 m	Des nouvelles de mon chat, Gilles Bachelet © Seuil Jeunesse, 2009
89 bas	Pomelo est bien sous son pissenlit, Ramona Badescu et Benjamin Chaud © Albin Michel Jeunesse
99 ht g	Collection Christophel © Golan Globus Productions / DR
99 m d	Collection Christophel © Broomstick Entertainment / Majestic film Partners / DR
99 bas	Prod DB © Barunson Film Division - CJ Entertainment - Cineclick Asia / DR
107	© Jérôme Rommé/Fotolia
115 m g	© AKG
115 m d	© Collection Kharbine-Tapabor / DR
115 bas	© 1981, Anthony Browne, dans Hansel et Gretel, Anthony Browne, Éditions Kaléidoscope pour la traduction française, reproduit avec l'autorisation de Walker Books, Ltd, London SE11 5HJ, www.walker.co.uk
123 g	Blanche Neige, Jacob et Wilhelm Grimm, Benjamin Lacombe, Milan Jeunesse © 2010, Éditions Milan
123 d	Le Chat Botté, M. Grandgirard © Éditions Auzou, 2012
123 m d	Dans la forêt profonde, Anthony Browne © 2004 Kaléidoscope pour la traduction française
123 bas	Le Petit Poucet, Marie-Hélène Delval, Collection « Les Belles Histoires » © Bayard Éditions, 2012

Achevé d'imprimer en France en février 2014 par Pollina - L67057
N° d'éditeur : 10191069